RECHERCHES
SUR
LA NATURE ET LES LOIS
DE L'IMAGINATION.

TOME PREMIER.

Cet ouvrage se trouve aussi chez BUISSON, *Libraire, rue Gît-le-Cœur*, n.° 10, *ainsi que le suivant du même Auteur.*

Voyage sur la scène des six derniers livres de l'Énéide, suivi de quelque observations sur le Latium moderne, in-8, cartes,   4 liv. 10 s.

RECHERCHES
SUR
LA NATURE ET LES LOIS
DE L'IMAGINATION,

Par Ch. Victor De BONSTETTEN,

Ancien Baillif de Nion ; de l'Académie Royale des Sciences de Coppenhague, et de la Société de Physique et d'Histoire naturelle de Genève.

TOME PREMIER.

A GENÈVE,

Chez J. J. PASCHOUD, Imprimeur-Libraire.

1807.

RECHERCHES
SUR
LES LOIS ET LA NATURE
DE L'IMAGINATION.

PREMIÈRE PARTIE.

LES LOIS DE L'IMAGINATION.

Je commencerai cet ouvrage par exposer, sous le nom de lois, les phénomènes les plus saillans et les plus réguliers de l'imagination. Ces faits posés, je ferai, dans la seconde partie, l'analise de l'imagination, en établissant la différence qu'il y a entre *Sentiment* et *Idée*, et en exposant ce qu'on doit entendre par l'*Action de ces deux agens l'un sur l'autre*.

CHAPITRE PREMIER.

Les lois de l'imagination ne sont point connues encore. Premier aperçu sur la nature de cette faculté.

§ 1. *Les philosophes modernes ne séparent pas nettement l'imagination de la mémoire.* § 2. *La psychologie n'est point encore arrivée à la connoissance du cœur humain.* § 3. *Il faut qu'une théorie de l'imagination embrasse tous les nombreux phénomènes de cette faculté.*

La théorie de l'imagination est si peu connue, que la plupart des modernes ne voyent dans cette faculté que le pouvoir de se représenter les objets absens ; et l'admirable naturaliste Bonnet (1), ne voit de

---

(1) *Essai analytique*, § 785. Haller, dans ses *Élémens de physiologie* (ch. 19, § 548), dit : « L'*imagination* a lieu chaque
» fois qu'à l'occasion de quelque image, qui est en dépôt dans
» le cerveau, il s'excite dans l'âme les mêmes pensées, que celles
» qui seroient produites, si le nerf lui-même souffroit le chan-
» gement que cette image a fait naître. — Et § 549. On appelle
» *mémoire* cette faculté de l'âme par laquelle quelque pensée
» ou quelque image de l'objet extérieur, conservée dans cette
» partie du cerveau qui sert à la sensation, excite quelque

différence entre l'imagination et la mémoire, que dans une plus grande intensité qu'il attribue à l'imagination.

Si les idées, que je vais donner, sont justes, on cessera de confondre deux facultés absolument distinctes, et aussi différentes entre elles que l'or et l'argent contenus dans un coffre, le sont de l'usage qu'on en peut faire.

§ 2. Il faut distinguer les auteurs qui recueillent les faits, de ceux qui ne font que les analyser. Les premiers nous donnent les fruits précieux de l'expérience, tandis que les autres ne nous fournissent que les résultats de leur analyse. Ouvrez l'admirable recueil des observations de La Bruyère : à chaque page il parle du *cœur humain,* que toujours il distingue de l'esprit. Lisez ensuite les livres

---

» ception dans l'âme. Cette perception est d'ordinaire plus
» foible que l'imagination, et paroît simplement dépendre de
» certains signes arbitraires que l'âme a unis avec cette idée dans
» la première perception; car à peine la mémoire représente-t-
» elle à l'âme les portraits des choses, mais à peu près les mots,
» quelques attributs et le gros des idées. » Cette définition ne rend aucune raison des mouvemens de l'imagination. Bacon n'a pas tort de dire : *Confutationum nullus est usus, ubi de principiis et ipsis notionibus dissentimus.* — J'observerai, qu'en accusant la mémoire de foiblesse et d'infidélité, il faut ne pas oublier que l'imagination ajoute réellement aux impressions des sens, de manière que les impressions réelles sont toujours moindres, que ce que nous redemandons à la mémoire.

de psychologie, et vous verrez que les nombreux phénomènes attribués au cœur ont partout échappé à leurs auteurs. Vous retrouvez dans leur creuset quelques analises des idées ; mais le mouvement qui compose la vie semble leur échapper de partout, à peu près comme ces gaz, qui font l'âme de la chimie moderne, avoient échappé aux maîtres de l'ancienne chimie.

§ 3. Il faut que la théorie des passions, et tous les phénomènes de la faculté de sentir, soient compris dans la doctrine de l'imagination. Il n'y a pas jusqu'à la *manie* qui ne doive trouver sa place dans le domaine varié de cette faculté, qui embrasse l'homme actif tout entier. Enfin le singulier et brillant phénomène des beaux-arts s'y montre dans le lointain, comme une terre promise, où la beauté réunie à la vérité semblent annoncer à l'homme de plus hautes destinées.

L'analise que je vais donner n'a jamais été faite. Loin de prescrire mes principes à qui que ce soit, j'invoque toutes les critiques dictées par l'amour de la vérité, et fondées sur quelques connoissances réelles de l'imagination dont tout le monde parle, mais qui, vivant au milieu de nous, ne se montre jamais que voilé.

CHAPITRE II.

C'est par la connoissance des effets de la sensibilité qu'on arrive à la connoissance de l'imagination.

§ 1. *La mémoire de l'imagination est différente de la mémoire de l'intelligence.* § 2. *Un sentiment moteur des idées est le grand mobile de l'imagination.* § 3. *Le sentiment ne doit pas être confondu avec le mouvement.* § 4. *Le sentiment est différent de l'idée.* § 5. *Ce qu'il faut entendre par les différentes facultés de l'âme.*

§ 1. Il y a long-tems que j'avois remarqué que l'imagination avoit une mémoire capricieuse et inconstante. En effet, se rappelle-t-on les cent mille rêves que l'on a faits tout éveillé, tandis que les pensées réfléchies de l'intelligence paroissent acquérir une permanence qui, déjà, annonce un autre ordre d'idées. J'ai cherché les lois de l'inégalité de la mémoire des différentes facultés de notre être, et j'ai aperçu que les souvenirs de l'imagination tenoient tous à quelque *sentiment*. J'ai fait un pas de plus, et j'ai vu que le même sentiment qui conserve les images, avoit fait naître ces images, et qu'un sentiment éteint, semble congédier les idées qu'il avoit mises en mouvement, comme un Général d'armée congédie, après la victoire, les soldats rassemblés pour le combat.

Il y a donc, me suis-je dit, une liaison entre les sentimens et les idées. En effet, un homme en *colère* ne parle pas comme un ami paisible. L'*amour* a son langage; l'*avarice* a le sien ; chaque *appétit* chaque *passion*, a son assortiment d'idées, son rythme, sa marche, son mouvement, son allure, enfin ses images favorites. Changez de sentiment et vous aurez un air différent, une musique différente, des idées et des mouvemens différens.

Ce qui est très-évident dans les passions, est encore apercevable dans les plus petits mouvemens de la sensibilité; et, s'il est vrai, que l'homme ne puisse agir que par un motif, ce motif, ne pouvant être que *senti*, toutes les *actions* humaines se trouvent dès lors soumises aux loix de l'imagination.

Chose admirable ! au milieu de tous ces

mouvemens si souvent irréguliers et tumultueux, la *raison* ne laisse pas que de conserver son empire partout où elle se montre. Car, quoique la sensibilité soit le grand ressort des *actions* humaines, toutes les fois qu'un sentiment vient à agir sur des idées *réfléchies* bien combinées, les mouvemens, qui en résultent, deviennent réguliers, comme ceux d'une montre, dont tous les rouages auroient été construits et adaptés au but qu'on se propose.

§ 2. Ces observations à la main j'ai parcouru l'empire de l'imagination, et j'ai vu partout *un sentiment moteur des idées,* et *des idées mues par ce sentiment.* J'en ai conclu, que l'imagination étoit le *mouvement des idées, produit par l'action de la sensibilité.*

§ 3. Il faut au premier pas s'arrêter à l'idée de sensibilité, en apparence motrice des idées, et prévenir les conséquences que des esprits irréfléchis pourroient tirer du mouvement appliqué aux idées. La sensibilité a sans doute son origine dans les organes, mais attribuer de la sensibilité aux organes mêmes, est une erreur semblable à celle de croire le feu chaud et la glace froide.

Certaines affections des organes produisent constamment certaines sensations dans l'âme; mais cette correspondance des phénomènes ne me permet point de les confondre ; et, quelque constante que puisse être l'harmonie qui se trouve entre les mouvemens des organes et les sentimens correspondans dans l'âme , il faudra toujours placer le mouvement dans les organes, et le sentiment dans ce *moi* simple et mystérieux, où tout le multiple de l'âme va se réunir comme dans un point unique , sans néanmoins s'y confondre jamais.

Qu'on me permette donc d'avoir une âme, et de l'appeler immatérielle, jusqu'à ce qu'on m'ait fait voir l'identité de la matière connue avec la pensée qui réside dans ce *moi*, dont émanent les seules vérités évidentes et irréfragables.

Il y a des erreurs populaires qu'on a sans le savoir. On place sans difficulté les idées dans l'âme, mais les sentimens, surtout ceux qui tiennent immédiatement aux sens, on est tenté de les placer dans les sens mêmes, et l'on a tort : la sensation la plus sensuelle est aussi bien logée dans l'âme que l'idée la plus réfléchie.

§ 4. Je puis néanmoins distinguer nettement tout ce que j'appelle *sentiment* (c'est-à-dire tout ce qui me donne l'idée de plaisir ou de déplaisir), de ce que j'aperçois froidement comme une chose que je puis simplement distinguer d'une autre chose, et que j'appelle *idée*.

Cette distinction entre *sentiment* et *idée* sera mieux développée dans la suite de cet ouvrage, et l'on ne pourra méconnoître dans l'âme deux points de développement parfaitement distincts, observés depuis long-tems sous les noms d'imagination et d'intelligence.

§ 5. Distinguer plusieurs facultés dans l'être simple, c'est distinguer dans l'âme plusieurs classes de phénomènes réunies sous l'idée commune d'*activité*. C'est sous ce rapport que j'appelle l'imagination et l'intelligence des *facultés actives*. Leur activité appartient toute entière à l'âme. Voilà pourquoi Mallebranche et Leibnitz ont nié l'influence réelle de la matière sur la pensée. En effet, si la sensation est l'effet de l'activité de l'âme, que reste-t-il à faire à l'organe de la sensation ? Je touche ici à une de ces questions insolubles, qui n'admettent des hypothèses que parce que leur véritable explication est hors de la portée de nos connoissances. Convenons, que nous ignorons absolument l'action du corps sur l'âme, et de l'âme sur les organes. Savons-nous mieux comment le mouvement se communique d'un corps à l'autre? Savons-nous, si cette communication est une transmission réelle? Il est bon de se dire quelquefois, qu'à telle et telle question on n'a pas de réponse à donner, parce qu'il n'arrive que trop souvent, qu'on fait reposer des assertions positives sur des faits qu'on ignore, ou sur des suppositions arbitraires.

CHAPITRE III.

Ce qu'il faut entendre par imagination.

§ 1. *La bonne analyse résulte de la grande abondance des faits.* § 2. *La connoissance de l'imagination devoit échapper aux analyses prématurées.* § 3. *Définition de l'imagination.* § 4. *Sur quoi elle est fondée.* § 5. *L'imagination réside dans la faculté de sentir.* § 6. *L'imagination et l'intelligence ne peuvent être entièrement séparées que par abstraction.*

§ 1. U<small>N</small> grand défaut des modernes, qui ont écrit sur la psychologie, est d'avoir isolé des faits qu'il falloit observer dans leur composition. L'on n'a pas toujours assez senti que la connoissance des rapports se dénature par la décomposition de ces rapports, comme la musique se dénature par l'isolement des sons. Il faut étudier la vie dans la vie même, et, loin de se servir du scalpel, il faut, dans l'étude de l'homme, lui laisser la plus grande aisance dans tous les mouvemens qu'on se propose d'observer. Ce n'est qu'après avoir recueilli une foule de faits, que l'on voit ces faits se séparer et se classer comme d'eux-mêmes ; et c'est là la véritable analise.

§ 2. L'imagination suppose essentiellement les rapports de la sensibilité avec les idées, puisqu'elle n'est que l'action réciproque du sentiment sur les idées et des idées sur le sentiment. Voilà pourquoi les psychologistes, qui n'ont observé l'imagination que dans le phénomène des idées, n'y ont rien compris. Le mot de l'énigme étant hors des idées, ils n'ont trouvé d'autres caractères dans l'imagination, que des idées qui se réveillent l'une l'autre ; et comme les lois de ces réveils leur étoient inconnues, ils se sont vus forcés de faire de l'imagination une espèce de mémoire. Je crois voir un sauvage qui, ayant entendu jouer de l'orgue, épie le moment d'étudier cet admirable instrument. Je vais enfin, se dit-il en ouvrant l'orgue, savoir ce que c'est qui m'a donné tant de plaisir. Ce philosophe-là finira par dire que la musique est une suite de tuyaux. C'est ainsi que les psychologistes ont vu l'imagination, sans penser au mouvement et à la sensibilité, hors de laquelle les phénomènes de l'imagination sont aussi inexplicables que le seroient les airs de l'orgue pour l'homme qui en chercheroit l'explication dans la décomposition de l'instrument.

§ 3. Le jeu de l'imagination consiste dans l'action réciproque de la sensibilité sur les idées, et des idées sur la sensibilité. Elle se compose donc : 1.° du sentiment moteur ou excitateur des idées ; 2.° des idées mises en mouvement par ce sentiment ; 3.° de la réaction de ces idées sur la sensibilité.

§ 4. Cette définition est fondée sur le fait, que tout sentiment produit dans l'âme un mouvement, qui donne l'initiative à une série d'idées appropriées à la nature de ce sentiment.

Un autre fait vient à l'appui de cette définition, c'est que la mémoire de l'imagination dépend de la conservation du sentiment moteur. Il faut ne pas oublier, qu'ici le souvenir embrasse, non-seulement une série d'idées, mais encore l'intensité et le mouvement de ces idées. En nous observant nous-mêmes, nous sentons, que le peu de souvenir de ce que nous avons *senti*, appartient à quelques réflexions, que les nations cultivées sont toujours dans l'habitude de faire, et qui ne peuvent appartenir qu'à l'intelligence.

L'imagination même n'a de souvenirs que dans la sensibilité. Le premier reproche de l'amante abandonnée n'est-il pas celui d'*être oubliée* ? Elle en sait plus que tous les philosophes.

§ 5. La sensibilité est le siége, d'où émane une action perpétuelle sur les idées, suivant les lois invariables de l'être mixte. J'appelle *sentiment* l'état de l'âme, affectée de plaisir ou de douleur ; et j'observe qu'à tout sentiment est attaché un principe d'action, qui tend à fuir l'un et à rechercher l'autre. Ces définitions se développeront et se modifieront dans la suite avec les faits.

L'imagination présente deux grandes classes de phénomènes, d'une variété presqu'infinie. Quand la sensibilité dirige son action de préférence sur les *rapports* de ce qu'elle sent, elle produit le sentiment du beau, et donne à la partie spirituelle de l'imagination un développement indéfini, qui s'étend ou se resserre avec la richesse des idées qu'on possède, et augmente ou diminue avec la faculté de sentir.

Quand le sentiment moteur, au lieu de réagir sur les rapports de ce qu'il éprouve, développe son activité sur les organes, nous en voyons naître les passions. Ainsi l'action de la sensibilité dirigée sur elle-même produit le sentiment du *beau*, et sa réaction dirigée sur les organes produit les *passions*.

§ 6. Il ne faut pas oublier, que, quoique les phénomènes de l'imagination puissent être nettement distingués en deux classes, on les voit néanmoins presque toujours confondus dans la réalité. Il n'y a pas d'homme passionné qui n'orne de quelque beauté l'objet de son désir, et il n'y a pas d'artiste qui n'éprouve quelque émotion plus vive, que toutes celles que donne la simple contemplation. Ce n'est que le plus ou le moins de réaction sur les organes, ou de développement dans les rapports, qui distingue les deux classes de phénomènes.

Je ne fais ici qu'indiquer les principes, que je développerai dans la suite à mesure que les faits se présenteront.

CHAPITRE IV.

Les rapports de préférence composent la première loi de l'imagination, qui est celle de l'invention.

§ 1. Il y a des rapports primitifs entre le sentiment et les idées. § 2. Chaque instant de la vie a quelque sentiment dominant. § 3. Le rappel des idées est le plus souvent occasionné par le mouvement de l'imagination. § 4. La loi de préférence est la source de l'invention.

Avant d'entreprendre aucune analise, je vais indiquer en peu de mots les lois de l'imagination.

§ 1. Il y a des rapports primitifs entre la sensibilité et les idées, en vertu desquels chaque sentiment et chaque nuance de sentiment réveille telle idée de préférence à toute autre.

De ces rapports originels de la sensibilité avec les idées résulte : Que chaque manière d'être de la sensibilité, chaque *sentiment moteur* a ses préférences pour telle idée plutôt que pour toute autre; ce qui établit le premier rapport

rapport entre le sentiment et les idées, que j'appellerai *rapport de préférence*. C'est en vertu de cette loi que chaque sentiment préfère telle idée, qu'il va prendre pour ainsi dire dans le trésor de la mémoire. Ne voyons-nous pas l'amour avoir son assortiment d'idées, différent de celui de l'ambition ou de l'avarice ? La colère a son langage ; la gaieté, la mélancolie, enfin chaque manière de sentir a son caractère et ses couleurs. Toutes les poétiques et la théorie des beaux-arts et des sentimens sont fondées sur cette observation.

Que l'on s'observe soi-même, et l'on ne pourra méconnoître ce rapport de la sensibilité avec les idées, qui fait, qu'à mesure que nous changeons de sentiment, nous changeons pour ainsi dire de décoration dans notre âme. Toute la poésie atteste ce fait, d'après ce témoignage de tous les tems, de tous les goûts et de toutes les passions (1).

§ 2. Ce que nous voyons avec évidence dans les passions, nous pouvons l'observer

---

(1) Toute personne à imagination qui raconte un fait avec quelqu'émotion, éprouve une tentation d'exagérer ce fait dans le sens de l'émotion qu'elle éprouve. Cette tentation atteste un rapport naturel et une action réelle de la sensibilité sur telles et telles idées.

B

dans tous les momens de la vie, tous composés de quelque petit mouvement de sensibilité. Chaque moment est monté au ton d'un sentiment suffisant pour produire les idées qui nous occupent. Ne voyons-nous pas nos pensées changer avec chaque nuance d'humeur? C'est partout un sentiment qui marche en avant, et qui conduit une suite d'idées proportionnée à sa puissance, à la mobilité et à la fécondité de l'esprit.

§ 3. Le rappel des idées ne peut avoir que deux causes, l'association des idées, et la sensibilité motrice. Il est même probable que l'association des idées tient son premier mouvement de la sensibilité, et que, dans cette vie, la sensibilité seule est en possession de l'initiative des idées associées. En effet, ne voyons-nous pas le nombre de nos idées associées être en raison de l'intensité du sentiment qui les anime? N'oublions pas qu'il est contradictoire de supposer que la volonté puisse jamais réveiller immédiatement une idée, puisque pour *vouloir* rappeler une idée, il faudroit déjà avoir cette idée présente à l'esprit. Comment supposer une volonté déterminée pour un objet que l'on suppose inconnu, et par conséquent indéterminé?

Je ne fais qu'indiquer ici des idées qui ne peuvent trouver place avec quelqu'étendue que dans l'analise de la mémoire.

§ 4. On conçoit que *l'invention* n'a pas d'autre source psychologique que ce rapport originel entre la sensibilité et les idées, en vertu duquel chaque sentiment trouve naturellement les idées dirigeantes, destinées à nous mettre en état de satisfaire les besoins de notre être. C'est par la sensibilité encore que la poésie arrive à cette *vérité*, qui n'est que dans le rapport intime qui se trouve entre les idées et le sentiment qui nous domine, vérité dont résulte la perfection de tous les beaux-arts.

Remarquez que l'intelligence n'invente jamais : elle fait mieux, elle développe les idées que l'imagination a fait naître. L'imagination placée entre la sensation et la réflexion, donne le premier éveil aux idées, mais c'est l'intelligence qui élève, étend et agrandit ensuite la *pensée*, et nous instruit à connoître ce gage précieux de la grandeur future de l'homme.

CHAPITRE V.

La loi des intensités ou de l'ordre des idées : seconde loi de l'imagination.

§ 1. *Le plus ou le moins de préférence produit le plus ou le moins d'intensité dans les idées.* § 2. *L'intensité donnée aux idées par l'imagination n'a rien de commun avec l'attention.* § 3. *Les idées s'associent selon l'ordre de leurs intensités.* § 4. *Différence entre l'imagination vive et l'imagination forte.* § 5. *Explication de la loi des intensités.* § 6. *Du tact considéré comme qualité sociale.* § 7. *La loi des intensités est universelle.*

§ 1. Nous venons de voir les rapports de *préférence*, je dirai presque les affinités électives qui se trouvent entre le sentiment et les idées. Cette préférence de la sensibilité a ses degrés, et le sentiment *se plaît davantage* dans telle idée, ou dans telle sensation, que dans toute autre. Ce *plus ou moins* de préférence est ce qui produit l'*intensité* que chaque sentiment moteur imprime à l'idée qu'il a trouvé bon d'employer. Ces rapports d'intensité résultent de la nature intime de l'être mixte, tout aussi bien que les premiers rapports, que nous avons appelés *rapports de préférence*.

Nous avons vu que, d'après la première loi, la sensibilité *choisit* parmi les idées conservées dans la mémoire ; elle fait plus, elle donne à chacune de ces idées précisément le degré d'*intensité* qui convient à la nature du sentiment moteur. Etudiez l'accent de l'homme ému, et voyez comme il pèse sur les paroles qui indiquent les idées les plus fortement frappées. Diminuez le sentiment, et voyez comme les empreintes imprimées aux idées commencent à s'effacer ; redoublez ce sentiment, et voyez ces empreintes devenir de plus en plus profondes. Changez le registre de la sensibilité, faites agir un autre sentiment et toutes les images seront changées (1).

---

(1) Leibnitz est de tous les métaphysiciens celui qui a le mieux su réunir à l'esprit d'observation l'art de généraliser les idées, de voir le concret dans l'abstrait, et l'abstrait dans le concret, suivant la définition qu'il a lui-même donnée du génie.

Dans son *Essai sur l'entendement humain* il dit : « Il nous » vient des pensées involontaires en partie du dehors par les » objets qui frappent nos sens, et en partie du dedans à cause » des impressions précédentes qui continuent leur action et qui » se mêlent avec ce qui nous arrive de nouveau. — C'est comme

§ 2. L'intensité, imprimée aux idées par l'imagination, n'a rien de commun avec cette autre intensité imprimée aux idées par l'intelligence, que nous appelons *attention*. Plus l'homme ému sent vivement, moins il fait d'effort pour sentir, et moins il a la conscience de ce qu'il éprouve ; au lieu qu'il est de la nature de l'attention d'avoir éminemment la conscience des idées dont elle s'occupe. Dans l'imagination, le siége de l'activité est dans le sentiment moteur, tandis que l'intelligence se concentre toute entière dans l'idée même qu'elle fixe. Voilà pourquoi l'imagination, toute employée à sentir, est toujours stérile en *connoissances*, tandis que l'intelligence en est la source unique et intarissable. L'imagination crée, invente ; l'intelligence dispose, ordonne : la première féconde notre être, l'autre le développe. La perfection de l'homme est dans l'heureux mélange de ces deux facultés.

» dans la lanterne magique qui fait paroître des figures sur les
» murailles à mesure qu'on tourne quelque chose au dedans. »

Ce *quelque chose qu'on peut tourner au dedans*, c'est le sentiment moteur qui fait paroître et disparoître les idées, et donne de la régularité à leurs formes, selon l'intensité et la permanence de l'agent qui les anime, et selon la richesse et la mobilité que cet agent trouve dans la mémoire.

§ 3. La première loi de l'imagination est la source de l'invention, la seconde est la source de la *disposition* des idées trouvées par la loi première. On conçoit que les idées se rangent d'après leur rapport avec le sentiment moteur ; que les premières en intensité se placent à la tête des autres, de manière que l'ordre naturel des idées exprime exactement l'ordre de leurs intensités réciproques. Quand l'expression du sentiment fut devenu un art, le poëte et l'orateur eurent égard, non-seulement aux besoins de leur propre sentiment, mais plus encore aux besoins de celui des personnes qu'ils cherchoient à émouvoir.

§ 4. On distingue deux sortes d'imagination, l'une *vive*, l'autre *forte*. L'imagination est vive lorsqu'un léger degré de sensibilité excite un grand nombre d'idées ; l'imagination forte, au contraire, moins riche et moins mobile en idées, mais plus profonde en sensibilité, semble prendre ses conceptions plus avant dans l'âme, et leur imprimer une plus forte intensité. La première tient un peu de l'intelligence, l'autre est l'imagination par excellence. L'imagination vive vaut mieux pour le bonheur de qui la possède ; mais l'imagination forte fait plus infailliblement le bonheur ou le malheur des autres. La perfection de cette faculté est dans le juste milieu entre ces deux points extrêmes.

La loi des intensités, correspondantes à chaque degré de sentiment, est bien évidente dans la musique et dans la déclamation; mais cette loi existe dans tout le domaine de l'imagination. Si dans la conversation on s'arrête trop long-tems sur un même sujet, si l'on appuie trop sur une idée, on devient *lourd,* parce que, supposant aux autres le même sentiment qui nous anime, nous donnons aux idées que nous leurs présentons, une importance qu'elles ne peuvent avoir pour qui ne sent pas comme nous. Les intensités déplacées font de nos idées des caricatures.

§ 6. Ce que nous appelons le *tact* dans la société (bien différent du goût qui ne fait qu'apprécier ce qui est beau) nous enseigne à deviner dans chaque moment, non les idées qui occupent les autres, mais les sentimens qui, dans chaque instant, dominent ceux avec qui nous avons à vivre.

Le tact est le premier élément d'harmonie dans la société, et, sous ce rapport, il s'élève presqu'au rang des vertus sociales qui font le charme de la vie. On ne fait pas assez attention, que la connoissance des sentimens d'autrui tend à rapprocher l'homme de l'homme, et à aplanir la route aux vertus plus importantes de la société. Il y a d'ailleurs dans l'harmonie de nos sentimens avec la sensibilité de ceux avec qui nous avons à vivre, un charme qui tient de l'harmonie musicale. On trouve dans cette douce correspondance un développement d'idées qui, comme nous verrons, est inhérente à toutes les harmonies. C'est dans ce développement, dû au *tact*, que consiste l'esprit de société, qui nous enseigne à donner à chaque chose l'importance qu'exige le sentiment qui domine les hommes avec qui nous avons à vivre, et à nous tenir, lorsque nous le voulons, en harmonie avec leur sensibilité.

La loi de l'intensité, imprimée par le sentiment aux idées ou aux images, règne dans tout l'empire de l'imagination. La peinture, l'architecture, la sculpture, la pantomime, la danse, la poésie, surtout la musique, tous les beaux-arts, en un mot, font ressortir telle image, tandis qu'elles ne font qu'en indiquer légèrement telle autre. La raison de toutes ces convenances, le motif de toutes ces intensités, n'existent que dans le sentiment moteur, et dans les rapports intimes que la nature a fixés entre la sensibilité motrice et l'intensité des idées.

CHAPITRE VI.

La loi des idées successives, ou des transitions d'une idée à une autre : troisième loi de l'imagination.

§ 1. *La succession des idées se fait d'après les règles de l'imagination.* § 2. *Du principe de l'invention en poésie.* § 3. *Les idées successives sont réglées par le sentiment moteur.* § 4. *Importance de l'ordre dans les occupations.* § 5. *Le sentiment du tems a sa source dans l'imagination.*

§ 1. JE passe au troisième phénomène de l'imagination, et j'observe que chaque sentiment moteur *préfère telle série d'idées à telle autre série.* Les rapports du sentiment moteur aux idées *successives* ne sont pas moins réels que les rapports du même sentiment avec les idées coexistantes.

Remarquez que, dans la musique comme dans la poésie ou dans la déclamation, lorsqu'on a saisi le motif d'un air, une phrase suffit pour donner une suite de tons, de notes ou de mots. Chaque sentiment semble agir par des coups successifs, suffisans à produire des suites d'idées plus ou moins étendues, et il n'y a pas de musicien ni de poëte, qui n'achève de lui-même un couplet ou une phrase. La connoissance du *motif* de l'air, c'est-à-dire du sentiment moteur, suffit pour cela. Il en est de même dans la grande *aria* de la vie, où l'étude de la passion dominante suffit pour donner la connoissance d'une suite d'actions, aisée à deviner pour qui en connoît le motif.

Ce qui plaît dans la société a le plus souvent sa source dans l'harmonie entre les sentimens moteurs. Chaque homme que je rencontre a, pour ainsi dire, son ton fondamental, et l'idée avec lequel je l'aborde lui sera agréable ou désagréable, selon l'accord ou la discordance qu'il trouvera de moi avec le ton auquel il est monté. C'est là le tableau de la société humaine ; chaque instant de la vie est dominé par quelque sentiment, et chaque moment a une manière d'être qui décide si ce que l'on rencontrera va nous plaire ou déplaire. Loin de s'étonner de la variété des goûts, on devroit s'étonner davantage de la possibilité de rencontrer jamais quelque harmonie parmi tant d'élémens de discordance. Le peu d'harmonie qui fait aller la société, nous le devons à la raison, qui ramène peu à peu les hommes à des goûts universels et à des centres communs, qui, comme autant de points placés de distance en distance, dessinent les grandes lignes de l'ordre social.

L'harmonie successive est bien évidente en musique; mais elle existe dans tous les arts, même dans la peinture. Pour vous en convaincre, supposez les murs d'un portique couverts de tableaux ; sans doute que le peintre aura assorti ces tableaux entr'eux. Il y a plus : les parties d'un même tableau étant senties successivement, le peintre doit avoir égard à cette succession. Dans un fameux tableau de Claude Lorrain, appelé le *Moulin*, vous voyez un agréable sentier, que vous croyez pouvoir suivre l'espace d'une lieue ; l'imagination semble y faire un voyage délicieux à travers un pays enchanté. Il faut que le peintre pense à cette effet pour ne pas rendre disparate la route qu'il fait suivre: *Non ut placidis coeant immitia;* il faut qu'il respecte l'harmonie successive.

Les inversions en poésie ont leur source dans cette harmonie des idées successives, en vertu de laquelle tel sentiment préfère *telle suite d'idées et de mots* à telle autre (1).

§ 3. Vous retrouvez dans la marche de tous les goûts et de toutes les passions des traces de l'harmonie successive. Comparez la vie de l'ambitieux, ou de l'homme livré au plaisir, avec celle de l'homme uniquement guidé par la raison : quelle différence entre la *série* de leurs pensées et de leurs actions! Quelle contraste dans les *passages* d'une occupation à l'autre ! Chaque humeur a des transitions qui lui sont propres, et possède, pour ainsi dire, son harmonie successive émanée du sentiment moteur. Un des grands avantages de la vertu est d'avoir rendu ses

---

(1) On a tort de blâmer les langues à inversions comme contraires à la clarté. Ces langues ont tous les tours des langues sans inversions, et, de plus, l'avantage des inversions. D'ailleurs la distinction des idées est plutôt le besoin de l'intelligence que celui de l'imagination. Cette dernière faculté est satisfaite lorsqu'elle sent vivement ; chez elle, la clarté est subordonnée au besoin de sentir, tandis qu'elle est la première qualité du langage de l'intelligence.

transitions harmonieuses, tandis que le vice, qui donne quelquefois des éclairs de bonheur, les fait suivre aussitôt d'une nuit profonde, qui ne laisse après elle que le trouble, la confusion, les regrets inutiles, ou le remord vengeur.

§ 4. L'ordre des idées successives a sa source dans le sentiment moteur, qui, par les affinités qu'il a avec ces idées, les range selon ses propres lois. Chaque sentiment étend son empire sur un certain nombre d'idées simultanées et successives, et forme un tout, et, pour ainsi dire, un tourbillon à la manière de ceux de Descartes, où tout se fait, se meut et s'arrange selon les loix du sentiment moteur. La vie entière se compose de ces tourbillons, qui, lorsque plusieurs sentimens sont subordonnés les uns aux autres, se dominent, s'embrassent et se meuvent l'un par l'autre.

Il est de la plus haute importance en éducation de veiller aux *passages* d'une occupation à l'autre; il faut que ces transitions soient toujours vives et motivées, c'est-à-dire dominées par une idée *centrale*. C'est le décousu des goûts et des occupations, c'est le manque d'unité, en un mot, qui est la source de l'ennui, de l'oisiveté, du désordre, de l'irrésolution, de la foiblesse de caractère et de lumières, en un mot de tous les vices des âmes foibles.

§ 5. Je vais indiquer ici une idée, dont j'abandonne le développement aux penseurs qui voudront y réfléchir. La succession des idées, et par conséquent le sentiment du *tems*, ne peut appartenir qu'à l'imagination. L'intelligence est le développement d'une pensée continue. L'homme, foible par ses organes, abandonne et reprend le développement de la grande pensée, qui dans l'entendement ne semble être qu'une pensée unique. Qui pourroit voir d'un coup-d'œil la géométrie, l'algèbre et toutes les sciences exactes, n'y verroit qu'une grande idée toute rayonnante de rapports. Si dans cette vie l'intelligence ne voit que par intervalles et par fragmens, ces fragmens ne semblent-ils pas appartenir à un même *tout*, qui n'est autre chose que le développement de nous-mêmes ? L'imagination, au contraire, qui n'est que l'interprète intermédiaire entre l'âme et la matière, est toute composée d'idées successives, qui ne nous semblent telles que parce que leur première cause motrice est placée en dehors de l'âme. Les coups d'une horloge sont successifs pour qui les entend; mais si l'horloge même pouvoit avoir la conscience complète de son existence, ces coups, ne faisant plus partie que d'un même mouvement, ne seroient pas sentis successivement par elle. C'est donc l'imagination qui est destinée à faire éprouver à l'âme les rapports qui résultent de sa liaison avec les organes du corps; et ce que nous sentons comme successifs dans nous-mêmes, ce sont pour ainsi dire les coups d'une cloche étrangère à l'âme, dont nous ne pouvons être instruits que par l'imagination. On peut donc dire que les conceptions de l'intelligence sont des quantités continues, et que les idées de l'imagination sont des quantités discrètes, parmi lesquelles le sentiment du tems est une des plus éminentes.

CHAPITRE VII.

CHAPITRE VII.

Le mouvement des idées est subordonné au sentiment moteur : quatrième loi de l'imagination.

§ 1. *Chaque sentiment a un mouvement d'idées qui lui est propre.* § 2. *Importance de ce mouvement.* § 3. *Le rhythme tient à cette loi.* § 4. *Tous les arts qui expriment le mouvement supposent cette loi.* § 5. *Pourquoi la musique donne plus d'émotion à l'âme que les autres arts.* § 6. *Différence entre le mouvement de l'imagination et le mouvement de l'intelligence.* § 7. *Ces mouvemens sont opposés.* § 8. *Il est important dans l'éducation de combiner à propos l'exercice de l'imagination avec celui de l'intelligence.*

§ 1. Chaque sentiment moteur imprime aux idées qu'il excite un degré de mouvement qui lui est propre. » Chaque passion a son *andante* et son *allegro*, son mouvement retardé ou accéléré, au point qu'on pourroit noter les idées qu'elle excite, comme on note les sons dans la musique.

Une âme sensible à l'ennui voit changer le mouvement de sa pensée avec chaque personne qui l'aborde, et il y a tels esprits dont l'approche fait sur l'âme l'effet que la torpille fait sur la main qui la touche.

§ 2. On ne fait pas assez d'attention à l'effet qui résulte, dans la vie, de l'accord entre le *mouvement* de différens esprits. Je suis persuadé qu'il y a des humeurs incompatibles, uniquement par la différence de la mesure du mouvement de leurs idées. Les esprits vifs sont incapables de sentir les esprits d'une certaine lenteur, et à cet égard deux imaginations peuvent être sourdes et muettes l'une pour l'autre (1).

§ 3. Il y a dans l'imagination une action et une réaction continuelle des idées au sentiment et du sentiment aux idées. Voilà pourquoi le rhythme, qui n'est autre chose que le mouvement des idées marqué par chaque

---

(1) On a quelquefois reproché aux François qui, dans les pays étrangers, cherchent à s'instruire, de ne pas écouter les réponses aux questions qu'ils ont faites. La raison de ce défaut de quelques François pourroit bien être dans la prestesse de la mesure des idées françoises. Il en est des idées comme des sons : éloignez les notes les unes des autres, et vous cesserez de saisir le sens d'un air. On peut de même éloigner les idées et les mots les uns des autres, au point de n'être plus compris.

nuance de sensibilité, pourquoi le rhythme, dis-je, excite à son tour la sensibilité des auditeurs. Le rhythme étoit chez les orateurs anciens un des moyens d'être entendu par une foule immense, et à de grandes distances. On pouvoit saisir, par le mouvement des paroles, le sens d'une phrase sans en entendre tous les mots, comme on peut saisir le sens d'un discours dont on n'entend que peu de paroles, lorsqu'on connoît le sujet dont on parle. Le rhythme, par le mouvement communiqué à la sensibilité, et de la sensibilité aux idées, pouvoit suppléer aux paroles échappées à l'oreille.

On voit par le mouvement de la danse réunie à la musique, que le même sentiment qui, dans l'imagination, agit sur les idées, semble répandre son action sur tous les organes. Chez les sauvages qui accompagnent leurs danses de chansons, l'on voit le même mouvement régner à la fois dans la musique, dans les idées, dans les pas et dans les paroles.

§ 4. Le mouvement que la sensibilité communique aux idées est l'origine de tous les arts qui expriment le mouvement, comme la danse, la poésie, l'éloquence, la musique, la déclamation, etc. La peinture même exprime ce qu'elle peut du mouvement. Dans les tableaux où Gessner a peint, comme dans ses Idylles, le doux repos et la félicité de l'âge d'or, il eût été inconvenant de placer une chasse. Dans le beau clair de lune de Vernet, placé au Musée de Paris, le peintre a eu tort de mettre sur le devant du tableau des gens qui prennent du poisson. On est ému par le silence et le repos de la lune, et rafraîchi par la rosée d'une belle nuit : c'est blesser le sentiment de paix qu'inspire ce tableau, que d'y placer des hommes occupés à prendre du poisson, et à troubler le calme des eaux pour en faire mourir les habitans.

§ 5. La musique est de tous les arts celui qui parle à l'âme de plus près. C'est que la musique n'a pas besoin d'aller toujours aux idées pour toucher la sensibilité ; elle peut, au contraire, y arriver directement par le mouvement et l'harmonie. Elle exprimera une tempête, non pas en la *peignant par des imitations de bruit,* mais en produisant par le *mouvement* le sentiment *d'effroi* qu'inspire l'attente du naufrage. La poésie ne sait point, comme la musique, arriver immédiatement à la sensibilité, puisqu'elle ne peut émouvoir que par la réaction des idées qu'elle nous présente. Il faut donc qu'elle nous dise naïvement ce qui doit nous émouvoir, sans s'aviser de parler de nos émotions. La raison en est, que *connoître* ce que nous éprouvons, ne peut se faire qu'en réfléchissant sur nous-mêmes, c'est-à-dire en arrêtant le mouvement de la sensibilité. La musique parle directement à la sensibilité, mais la poésie n'arrive jusqu'à elle que par les images que le poëte sait présenter. Si à ces images on ajoute mal à propos des réflexions, le sentiment, au lieu d'être ému, s'égare tout à fait, et l'intérêt s'éteint. Il est important de développer ici comment la réflexion arrête le mouvement de l'imagination (1).

―――――――――――――

(1) Il y a peut-être cette différence entre la musique françoise et la musique italienne, que la première cherche à toucher par les images, tandis que l'autre ne s'adresse qu'au sentiment. On reproche aux François, en poésie, un défaut semblable; ils se plaisent à exprimer par des réflexions ce que les anciens n'eussent exprimé qu'en peignant l'objet même de leur émotion. Dans les tragédies des Grecs, le chœur étoit chargé de toutes les réflexions, et le poëte en étoit dispensé. Horace, en parlant du chœur, dit :

« Ille bonis faveat et concilietur amicis ;
» Et regat iratos, et amet peccare timentes ;
» Ille dapes laudet mensæ brevis ; ille salubrem
» Justitiam legesque. »

ART POÉTIQUE, 196.

§ 6. Plus on observe de près l'imagination et l'intelligence, mieux on sent la grande distance qui les sépare. Nous l'avons dit : l'imagination agit toujours par un sentiment; son action principale est dans la sensibilité : l'intelligence, au contraire, ne tient jamais au sentiment; son activité toute entière *est concentrée dans les idées mêmes*. Le grand effet de la réflexion, c'est-à-dire de la concentration de l'âme *dans une idée*, est de soustraire cette idée à l'action de la sensibilité, ce que nous faisons par un effort que l'on appelle *attention*. L'on conçoit qu'une idée fixée par l'intelligence, comme le moucheron l'est sous le foyer du microscope, a dès lors perdu le mouvement de sensibilité. Une idée réfléchie, détachée, pour ainsi dire, des liens par lesquels elle tenoit au sentiment qui l'avoit fait naître, placée désormais dans un autre ordre de choses, n'a plus de tendance qu'à se développer elle-même dans les rapports qui la composent.

§ 7. On sent combien l'habitude de réfléchir nuit au mouvement de la sensibilité. La réflexion fait deux choses : elle dérobe les idées au mouvement de l'imagination, et, les attachant par une idée générale à beaucoup d'idées subordonnées, elle fait, pour ainsi dire, reposer l'âme sur un grand nombre d'ancres capables, dans la suite, de la garantir contre les orages de l'imagination.

§ 8. Le grand art de l'éducation consiste surtout à bien combiner l'exercice de l'imagination avec celui de l'intelligence. Si les sciences morales étoient mieux développées dans leurs principes, si la psychologie, au lieu de s'égarer dans les ronces de la metaphysique, s'attachoit mieux qu'elle ne fait au fil de l'expérience, elle pourroit servir utilement à lier nos idées aux principes régulateurs de nos actions; elle enseigneroit à l'homme à s'observer lui-même, et fixeroit la réflexion, non par des principes trop généraux, mais par ce qui nous touche immédiatement nous-mêmes; et la morale, pour être individuelle, n'en seroit que plus utile.

On devroit ne jamais négliger d'entremêler les sciences qui exercent la réflexion, avec les arts qui n'exercent que l'imagination; et se souvenir que, sans l'imagination, l'âme n'est qu'un tronc aride, et que, sans l'appui de l'intelligence, elle n'est qu'une fleur que le premier coup de vent peut briser.

CHAPITRE VIII.

L'harmonie : cinquième loi de l'imagination.

§ 1. *L'harmonie est le multiple dans l'unité.* § 2. *Conditions de l'harmonie.* § 3. *L'imagination présente deux ordres distincts de phénomènes, les beaux-arts et les passions.* § 4. *En détruisant l'ensemble et l'unité des parties on détruit l'harmonie.* § 5. *Ce que c'est qu'image.* § 6. *Les beaux-arts se composent d'images.* § 7. *Plusieurs images ne peuvent être réunies que par l'harmonie.* § 8. *L'imagination n'a de charme que par l'harmonie.* § 9. *L'imagination et l'intelligence ne peuvent s'apprécier l'une l'autre.*

§ 1. La loi la plus mystérieuse de l'imagination est la *loi de l'harmonie*. L'harmonie est le singulier phénomène par lequel plusieurs idées sont senties, pour ainsi dire, dans un seul point ; *c'est le multiple réuni dans l'unité*. Mais tout multiple n'est pas senti dans l'unité : voyons quelles sont les conditions nécessaires à cette unité si essentielle aux beaux-arts.

§ 2. Ces conditions, nous venons de les énoncer. Elles supposent qu'aucune des lois précédentes n'a été choquée. Il faut, pour produire l'harmonie, que le sentiment ait, pour ainsi dire, fait son *choix* parmi les idées conservées dans la mémoire ; il faut que ce choix ait été fait parmi les idées *coexistantes*, comme parmi les *successives*, et que le même sentiment ait donné, à chacune de ces idées, *l'intensité* et le *mouvement convenables*.

§ 3. Toutes ces lois sont évidentes dans la musique. Le sentiment du musicien *choisit* les sons, et leur donne *l'intensité* et le *mouvement* qui lui plaisent le plus. Tout cela se fait suivant les rapports établis dans l'imagination, entre la sensibilité et ce que nous avons appelé les idées (1).

Nous voici arrivés au point où l'imagination se divise en deux ordres de phénomènes, souvent mêlés dans la réalité, mais

---

(1) Pour ne pas rendre équivoque le mot d'*harmonie*, j'observerai qu'il y a deux harmonies dans la musique, l'harmonie matérielle résultant des accords que l'oreille préfère, et l'harmonie spirituelle appelée *motif*, qui est l'âme et l'unité d'un air. Ce motif, émané immédiatement du sentiment moteur, est le premier mouvement de la sensibilité ; c'est la première émotion autour de laquelle tous les sons vont se rallier.

faciles à distinguer par la pensée. Ils embrassent entr'eux tout le domaine de l'imagination : ces deux ordres de phénomènes sont, les *passions* et les *beaux-arts*.

Nous l'avons dit : lorsque l'imagination déploie son activité sur les *organes*, elle produit les passions, et lorsque son action se concentre dans les *images*, elle produit le sentiment de la beauté, et par lui ce que nous appelons les beaux-arts.

§ 4. Eloignez à grands intervalles les notes d'un air de musique, et le sens de l'air disparoîtra pour l'imagination. Pourquoi ? Parce que vous ne sentirez plus l'unité du multiple. Rapprochez les notes jusqu'à rendre à l'air son *mouvement*, et l'unité reparoîtra bientôt dans chaque partie de l'air, et, si l'air est bon, dans l'ensemble qui le compose.

Je contemple le tableau de la transfiguration copié en mosaïque dans Saint-Pierre de Rome : voilà l'imagination en mouvement. Si j'approche assez du tableau pour compter les petits morceaux de verre coloré, qui le composent, je cesse aussitôt de sentir l'*ensemble* du tableau, et, ne voyant plus le multiple, mais des parties isolées et sans l'unité, l'imagination s'arrête tout à coup. Si l'imagination se bâtissoit des systèmes comme le maçon bâtit une maison en plaçant une pierre à côté de l'autre, qu'importeroit les intervalles qu'elle mettroit dans son travail ?

§ 5. Dans toutes les langues à moi connues, le mot *imagination* est dérivé de celui d'*image* ; mais qu'est-ce qu'une image ?

J'observerai d'abord, que la faculté appelée *intelligence* ne connoît pas les images : ce mot ne doit point sortir du dictionnaire de l'imagination. L'image suppose un centre commun, un *ralliement de plusieurs idées en une seule idée*, ou plutôt *en un seul sentiment* ; elle est le premier élément de l'harmonie, et ne peut plus se décomposer sans perdre sa qualité d'image. En effet, décomposez un air de musique, vous y verrez de grandes parties subordonnées à l'unité du tout. Ces grandes parties pourront se décomposer en de moindres parties, et celles-ci en phrases musicales ; mais vous ne pourrez aller au-delà d'un certain point de décomposition, sans détruire l'image, qu'il faut considérer comme l'*élément premier des beaux-arts*.

§ 6. L'âme de tous les beaux-arts est dans l'unité ; l'unité de l'ensemble, où tout est senti à la fois, se compose de grandes parties, subordonnées au tout, et se décompose enfin en images. Les actes d'une tragédie, par exemple, se composent de parties appelées *scènes :* chaque scène, dit Boileau, doit former un tout que l'on peut donc encore décomposer, mais l'analise ne doit jamais aller jusqu'à *dénaturer* l'objet que l'on décompose. Les derniers élémens de l'analise, dans les beaux-arts, sont ces petits *touts* où le multiple est encore senti dans l'unité, mais que l'on ne peut plus décomposer sans détruire l'œuvre de l'imagination. Ce sont précisément ces derniers élémens que j'appelle *images*.

Dans la belle ode d'Horace :

« Quem tu, Melpomene, semel
» Nascentem placido numine videris,
» Illum non labor Isthmius
» Clarabit pugilem, non equus impiger
» Curru ducet Achaïco
» Victorem ; neque res bellica Deliis
» Ornatum foliis ducem
» Quod regum tumidas contuderit minas
» Ostendet Capitolio. »

Cette dernière image du triomphateur, que l'on montre au capitole, couronné de lauriers pour avoir humilié l'insolence des Rois, est une belle image. Mêlez dans cette même image quelque mot bas et vulgaire, et son *effet* sera manqué. Placez-y mal à propos une seconde image, et elle deviendra louche. Dans le premier cas, vous la gâtez en mêlant dans le *multiple* une idée incompatible avec l'harmonie, et dans le second, vous la gâtez encore en détruisant *l'unité* de l'image.

§ 7. Il y a cependant des images doubles, qui peuvent *réunir* dans le sentiment de l'harmonie des idées absolument hétérogènes; ces images, appelées *comparaisons*, sont ce que l'accompagnement est dans la musique. Lisez l'ode d'Horace.

« Rectius vives, Licini, neque altum
» Semper urgendo, neque dum procellas
» Cautus horrescis, nimiùm premendo
»   Littus iniquum.   »

Il n'y a rien de plus hétérogène, aux yeux de l'intelligence, qu'un vaisseau naviguant sur la mer, et le précepte moral, de préférer la médiocrité aux hasards d'une grande fortune. Mais l'imagination sait *réunir ces deux idées dans l'unité de l'harmonie*, ce qu'elle fait toutes les fois que les conditions de l'harmonie sont remplies.

En poésie, les comparaisons, les métaphores et les allégories embrassent deux suites d'idées *senties dans un accord unique* appelé *unité*. Une image n'est *vraie* que lorsque les idées multiples, qui la composent, ont un centre et une unité commune. Plus l'harmonie, entre la comparaison et l'idée qu'on veut rendre sensible est parfaite, plus il y a de *vérité* dans l'image. Partout où l'unité n'est pas sentie, l'image est fausse. Il en est de même dans tous les beaux-arts, où ce qui nuit à *l'effet total* détruit l'unité, et par conséquent l'harmonie, qui ne peut être sentie que par l'unité. *Denique sit quod vis simplex duntaxat et unum.* Les comparaisons faites par l'imagination sont des opérations de l'âme tout à fait différentes des comparaisons faites par l'intelligence. L'imagination compare pour *unir les idées* en un seul accord, et l'intelligence *pour les séparer l'une de l'autre.* L'imagination sent les parties dans un point unique; l'intelligence, au contraire, ne réunit les idées que pour les séparer, et pour *abstraire* ce qui est différent de ce qui est identique.

§ 8. Voilà pourquoi les esprits froids,

qui sont toujours dans l'attitude de l'intelligence, ont souvent raison de reprocher aux imaginations vives, de n'avoir pas toujours les idées justes. Il est de la nature de l'imagination de rapprocher des idées qui paroissent hétérogènes aux yeux de l'intelligence. Quand ces idées sont mal exprimées, quand elles se trouvent dénuées de cette harmonie qui seule peut en faire saisir *l'accord*, elles paroissent fausses ou absurdes. Il y a des sociétés toujours montées sur le ton de l'intelligence, qui ne savent que rarement faire grâce aux mouvemens de l'imagination, comme il y a des pays tellement dominés par l'imagination, qu'on n'y a aucun sens pour ce qui n'est que raisonnable.

Le mouvement de la société est presque toujours le mouvement, non de l'intelligence, mais de l'imagination. On conçoit la peine qu'on a de paroître aimable par l'esprit, dans les pays où la langue n'est pas formée, et où tout ce qui vient de l'imagination est sans grâce et privé de cette âme, que l'on ne peut saisir que par l'harmonie des idées, laquelle exige indispensablement la beauté du langage.

§ 9. Il résulte de ce que nous venons de dire, que l'imagination et l'intelligence ne sont juges compétens que dans leur ressort, et qu'il est absurde de juger ce que l'on doit sentir, ou de sentir ce qu'on doit juger.

CHAPITRE IX.

De la beauté.

§ 1. *Plusieurs images peuvent se convenir ou ne pas se convenir. Réunies par l'harmonie elles produisent la beauté.* § 2. *L'âme de l'harmonie est le sentiment moteur.* § 3. *Le sentiment du beau réside dans l'âme. Il suppose des objets qui soient en rapports avec lui.* § 4. *Le goût est la faculté de sentir et de discerner le beau.* § 5. *Le sentiment du beau suppose une âme, des sens, et certains rapports entre les sens et l'âme.* § 6. *La sensibilité est la première condition de l'harmonie.*

§ 1. Après avoir parlé de l'harmonie, il faut s'occuper de la beauté, qui en est le premier résultat. Je ne ferai ici qu'indiquer des principes dont les développemens feroient à eux seuls le sujet d'un ouvrage.

Nous avons dit, que le premier élément de

de l'harmonie c'est l'image, parce qu'on ne peut décomposer l'image sans dénaturer l'harmonie.

L'image est le multiple simple réuni dans l'unité. Je l'appelle *harmonie de premier degré*, parce qu'elle n'est pas composée d'autres harmonies.

Plusieurs images peuvent se convenir ou ne pas se convenir. Par exemple, les phrases de *différens* airs ne peuvent pas se convenir, tandis que celles du *même* air se conviennent si l'air est bon. Si ces images se conviennent, elles produiront une harmonie du second degré dont les élémens seront des *images*, c'est-à-dire des harmonies du premier degré.

Lorsque les élémens de l'harmonie sont déjà des harmonies, leur accord produit l'harmonie du second degré. C'est ainsi que les parties d'une scène de tragédie produisent, lorsque la scène est bien faite, la *beauté* de la scène. Quand les élémens de l'harmonie se composent d'élémens du second degré, comme l'acte d'une tragédie, qui se compose de scènes, l'harmonie augmente encore, et ainsi de suite. On conçoit que l'harmonie en elle-même n'est bornée que par les sens, et par la nature de l'âme, qui en reçoit les impressions. L'harmonie va croissant avec l'harmonie ; elle s'élève et s'étend à mesure que l'imagination se développe, et sans doute que des sens plus parfaits feroient naître dans l'âme des harmonies plus relevées.

§ 2. Mais le premier moteur de l'harmonie est le sentiment excitateur ; il dépend, comme nous le verrons, de l'accord des sens avec l'âme. Mais cette première action des sens dépend des *objets* qui les mettent en mouvement. Or, il est de la nature de l'esprit humain de placer dans les objets mêmes les effets que ces objets ont produits sur l'âme. Nous disons, que la glace *est froide*, parce que nous confondons la glace avec l'idée de la glace : nous disons, que les organes *sentent*, parce que les organes nous font sentir : nous disons aussi, que les objets sont *beaux*, lorsqu'ils nous donnent le sentiment de la beauté.

§ 3. Nous plaçons donc *hors de nous* ce qui est beau, et nous supposons la beauté inhérente aux objets qui nous en font éprouver le charme. L'on voit que la beauté a son origine dans les *qualités* des objets qui les rendent capables de produire dans l'âme le sentiment de l'harmonie. Une chose est belle pour tel individu, lorsque cette chose est dans les rapports propres à exciter le sentiment du beau dans cet individu. Ce qui plaît suppose donc toujours le rapport d'un objet extérieur avec la personne qui éprouve le sentiment du beau, et avec la disposition de l'âme au moment que cet objet vient à agir sur elle. Mais en réalité la beauté n'existe que dans l'âme qui en éprouve le sentiment (1).

§ 4. Nous appelons *goût* le sens qui nous fait apercevoir la présence de l'harmonie. Ce sens réside dans l'âme, il suppose un accord

---

(1) Il y a sans doute dans la nature quelque chose qui excite le sentiment du beau. Mais on ne peut pas en conclure que *quelque chose hors de nous* soit réellement *beau*. La beauté consiste dans des rapports tout spirituels, rapports nés de la combinaison de certaines sensations entr'elles et avec l'âme. Ce rapport n'est pas de nous aux choses, mais de nous à nous-mêmes, c'est-à-dire des sensations aux sensations, et des sensations à l'âme. Aller au-delà de ces rapports, c'est chercher les rapports des rapports, c'est sortir du sujet que l'on traite.

Si le sentiment du beau avoit un rapport direct, simple, et surtout *constant* avec certains corps, on pourroit dire d'un objet, qu'il est beau, comme on peut dire d'un corps, qu'il est rouge. Mais chercher hors de l'âme le caractère distinctif de la beauté, c'est chercher hors du cercle le caractère du rayon. Une roue peut avoir des rayons réels, mais l'idée de rayon n'est pas pour cela réellement existante ailleurs que dans l'esprit. Ce qui existe réellement dans la roue, c'est du bois, et non un rayon, quoique, dans l'origine des idées, la notion du rayon ait sans doute été puisée dans quelque cercle réellement existant.

primitif entre les sens matériels (de la vue, de l'ouïe, etc.) et ce sens pour ainsi dire spirituel, par lequel l'âme éprouve le sentiment de l'harmonie.

Le sentiment du beau dépend donc 1.° des sens ; 2.° de la capacité de l'âme, d'éprouver l'harmonie par le moyen des sens, capacité que j'appelle le *sens de l'âme* ; 3.° elle suppose, en troisième lieu, un accord entre les sens matériels et le sens spirituel, que je viens de définir. 4.° Toutes ces conditions étant supposées, il faut, pour produire le sentiment de l'harmonie qui fait naître la beauté, que les sens éprouvent réellement l'action des objets capables de les mettre en mouvement d'une manière convenable à l'harmonie.

§ 5. Ce n'est pas tout : il faut ne pas oublier, que la condition la plus essentielle pour faire goûter l'harmonie, est dans la sensibilité. Il faut, pour sentir la musique éprouver le même mouvement, le même sentiment moteur qui a dicté cette musique. L'organe de l'harmonie est comme un instrument à vent : il faut, outre la forme de l'instrument et la justesse de tous ses rapports ; il faut, outre le mouvement des doigts, le souffle divin de la sensibilité, sans lequel l'harmonie ne peut pas avoir de vie.

CHAPITRE X.

De l'imitation dans les Beaux-arts.

§ 1. *L'harmonie est le principe des beaux-arts.* § 2. *Les beaux-arts sont le véritable langage de la sensibilité.* § 3. *L'imitation n'est pas le principe des beaux-arts.* § 4. *Mais le premier moyen des beaux-arts.* § 5. *L'opinion contraire a nui aux beaux-arts.* § 6. *C'est le besoin, non d'imiter, mais de sentir qui a produit les beaux ouvrages.* § 7. *Les beaux-arts ont commencé par l'imitation.* § 8. *L'effet du théâtre est différent, selon qu'on est capable d'y sentir l'harmonie, ou condamné à n'y apercevoir que l'imitation.* § 9. *Explication d'un passage d'Aristote.*

§ 1. DANS l'âme du véritable artiste, c'est l'harmonie qui est le principe créateur des beaux-arts. Mais cet artiste ne se borne pas à éprouver le sentiment du beau, il cherche à répandre l'harmonie autour de soi, en produisant au dehors des *objets réels* capables de la faire naître chez les autres hommes.

§ 2. Le besoin d'un langage est un des premiers besoins de l'homme ; c'est par le langage que l'homme, en s'entourant de ses propres idées, crée un monde qui devient son ouvrage ; c'est le langage qui, en répandant nos pensées au dehors de nous, leur donne une espèce de *réalité* qui nous enchante.

Le véritable langage de l'harmonie, ce sont les beaux-arts : les beaux-arts *expriment* ce que nous *sentons*, bien mieux que le langage parlé ne peut exprimer ce que nous *pensons*. C'est que les beaux-arts n'ont que des signes naturels, tandis que le langage parlé, ayant perdu tout ce qui étoit naturel dans l'origine du langage, ne présente plus que des signes de convention, qui ne sont propres qu'à l'abstraction.

§ 3. Il n'est point vrai que l'imitation, pas même celle de la belle nature, soit le *principe* des beaux-arts. Ce n'est pas la nature, ce ne sont pas les objets extérieurs que l'imagination cherche à exprimer, mais l'harmonie que ces objets ont fait naître en elle.

Le véritable génie des arts ne veut rien copier, il ne veut que *répandre au dehors ce qu'il sent*, et satisfaire ce besoin d'harmonie qui l'élève si doucement au-dessus de la vie.

§ 4. Mais comme l'artiste ne sent que par les images, qu'il faut pour ainsi dire un *corps* à son sentiment, il cherche à exprimer par les images ce qu'il a vivement senti. L'imitation n'est donc ni le but ni le principe des beaux-arts, mais bien un des *moyens* des beaux-arts. Il est important d'établir ce principe : l'opinion, que l'imitation est une des sources du beau, est dangereuse; nous lui devons déjà un grand nombre d'ouvrages sans goût. L'imitation parfaite peut bien donner le plaisir de la *surprise*, mais le sentiment de la surprise n'est pas le sentiment du beau, et n'a rien de commun avec l'harmonie.

§ 5. Il y a des tableaux qui ne semblent plaire que par la vérité de l'imitation, comme les beaux troupeaux de Potter du Musée de Paris. Mais il y a dans les tableaux de Potter une invention heureuse, de l'effet, de l'harmonie dans les teintes et dans les couleurs; en un mot, toutes les merveilles de l'art, d'autant mieux senties que, réunies par un accord admirable, elles ne se font remarquer nulle part. Potter auroit pu choisir telles attitudes, tel groupe, tel taureau, telle vache, tel ciel, qui, quoique vrais, eussent déparé son tableau. Mais, dans cette œuvre parfaite, rien ne choque, parce que tout à été bien choisi et bien combiné par l'imagination, selon les règles de l'harmonie, sans laquelle il n'y a jamais de beauté.

§ 6. Ce n'est pas le besoin (1) d'imiter qui a produit les beaux-arts, mais le besoin de sentir. Dans les fables même sur l'origine des beaux-arts, comme dans celle de

---

(1) Il faut limiter ce principe : le besoin de l'imitation existe réellement chez l'homme; il a produit un grand nombre d'ouvrages; mais ce n'est pas à ce besoin que nous devons les beaux-arts, c'est-à-dire les beaux ouvrages de l'art. L'imitation a créé, pour ainsi dire, l'instrument nécessaire à produire les beaux-arts, mais c'est l'harmonie qui a fait naître la beauté.

On ne peut nier que l'école flamande n'ait produit de beaux ouvrages ; mais le principe de l'imitation y a prévalu sur celui de l'harmonie, tandis que, chez les Italiens, c'est l'harmonie qui a prévalu sur l'imitation.

Les sujets des tableaux italiens sont, le plus souvent, pris dans la religion, ce qui a suffi pour ennoblir les écoles de cette nation; tandis que les sujets des écoles flamandes sont presque toujours pris dans la réalité, et copiés d'après nature. De là vient qu'il y a plus de vérité poétique et de beau idéal chez les peintres italiens, et plus de vérité de détail chez les Flamands. Les Italiens sont les Corneilles, les Racines et les Voltaires de la peinture ; les Flamands en sont les Molières et les La Fontaines.

Dibutade, c'est toujours à l'inspiration de quelque sentiment que nous devons l'imitation imparfaite par laquelle les beaux-arts ont commencé.

§ 7. Voyez l'effet des chef-d'œuvres du Musée de Paris sur les âmes vulgaires. La première admiration du peuple, en les voyant, porte sur la perfection de l'imitation. C'est que les hommes ordinaires, incapables de sentir l'harmonie qui a fait naître ces chefs-d'œuvre, n'y voient qu'un corps sans âme, je veux dire l'imitation pure, sans l'harmonie, qui en fait le charme et la beauté. Pour ces esprits grossiers, une galerie de tableaux n'est qu'une lanterne magique.

§ 8. Voilà pourquoi un même théâtre peut être nuisible aux uns, et utile aux autres. Les hommes ordinaires ne voient dans les beaux-arts que l'imitation ; les gens d'esprit, au contraire, y éprouvent le sentiment de l'harmonie, et s'élèvent avec l'artiste bien au-dessus de ce qui est imité. De là vient qu'un sot, en sortant de la comédie, peut devenir lui-même par imitation le sot qu'il a sifflé sur la scène, tandis que l'homme d'esprit, pénétré de l'ineptie du personnage, se sera corrigé au même théâtre où le sot se sera corrompu.

§ 9. On a longuement commenté le passage de la Poétique où Aristote dit, que la tragédie *purge* les passions. Voici l'explication qui paroît résulter des principes que je viens d'établir, et en même tems confirmer ces principes.

On a vu l'imagination présenter deux ordres de phénomènes absolument différens dans leur nature, les passions et l'harmonie. Il en résulte que l'habitude du beau, en donnant à l'imagination une tendance à l'harmonie, la détourne par là même de la route des passions. Mais cet effet n'aura lieu que sur les belles âmes, capables d'éprouver les émotions, non des sens, mais de l'harmonie. Les hommes vulgaires, au contraire, ne verront sur la scène que des objets imités, parmi lesquels ils ne pourront choisir que ce qui est analogue à leur goût, c'est-à-dire à leur dépravation; de manière qu'il pourra arriver, que le même théâtre rendra les bons meilleurs par l'harmonie, et les méchans pires, en nourrissant et excitant par l'imitation leurs passions déréglées.

CHAPITRE XI.

Effets de l'harmonie sur l'âme.

§ 1. *L'harmonie produit quatre effets sur l'âme.* § 2. *Comment Aristote définit l'unité.* § 3. *Différences entre l'unité des idées de l'imagination, et leur unité dans l'intelligence.* § 4. *On retrouve cette distinction dans les caricatures des deux facultés.* § 5. *L'harmonie donne du plaisir et excite l'activité de l'âme.* § 6. *C'est par l'harmonie que se fait le développement de l'imagination.* § 7. *L'harmonie prévient les passions en portant l'activité du sentiment sur les rapports du sentiment.* § 8. *La variété ne plaît qu'en raison de l'harmonie qu'on y trouve.* § 9. *Le plaisir que donnent les beaux-arts est en raison de la perfection de l'unité et de la variété du multiple.* § 10. *L'harmonie développe l'imagination, et, par elle, l'homme tout entier. Vérité prouvée par l'exemple des Grecs.*

§ 1. L'HARMONIE produit quatre effets sur l'âme : 1.° elle lui fait sentir le multiple dans l'unité ; 2.° elle produit un sentiment de plaisir ; 3.° elle excite l'activité de l'âme ;

4.° elle développe l'imagination, comme la réflexion développe l'intelligence.

§ 2. « Il faut, dit Aristote (Poétique,
» ch. 8), que dans la fable d'un poëme,
» l'action soit une et entière ; que ses parties
» soient tellement liées entr'elles, qu'une
» seule transposée ou retranchée, ce ne soit
» plus un tout, ou un même tout. Car tout
» ce qui peut être dans un tout, ou n'y pas
» être sans qu'il y paroisse, n'est pas partie
» de ce tout. »

La définition d'Aristote comprend à la fois l'unité propre à l'imagination, et l'unité propre à l'intelligence. Tâchons de les distinguer. Remarquons d'abord, qu'il est donné, et à l'imagination et à l'intelligence, d'éprouver la présence *simultanée* de plusieurs idées. En effet, l'intelligence ne sauroit *comparer* sans éprouver cette présence simultanée, et l'imagination ne sauroit *sentir* le multiple dans l'unité, si le multiple n'alloit pas se réunir dans l'unité.

§ 3. J'écarte ici toute controverse, et je suppose cette présence simultanée, que ne peut point méconnoître quiconque a l'habitude de s'observer soi-même. Mais il y a cette grande différence entre l'unité de l'intelligence et l'unité de l'imagination, que la première *n'aperçoit que les idées dont elle s'occupe*, tandis que l'imagination ne fait que *sentir, non les idées mêmes, mais ce que les idées lui font éprouver*. Par exemple, plus je suis entraîné par le charme de la musique, et moins je *connois* ce que je sens. Je puis même perdre tout-à-fait le sentiment de mon *moi*; je puis, comme on dit, *être hors de moi*, c'est-à-dire, perdre la conscience de mon *moi*, ce qui est le caractère de l'imagination exaltée, et l'action pure de la faculté de sentir totalement privée de réflexion. Je puis de même avoir à la fois la présence de plusieurs *idées*, comme de plusieurs figures de géométrie, et dans cette concentration de l'attention ignorer que j'existe. Dans le premier cas, mon âme est *harmonie;* dans le second, elle *est ces figures de géométrie;* elle est *cercle* ou *parabole*. Il est important de bien saisir cette différence, puisqu'elle constitue la différence essentielle entre l'intelligence et l'imagination.

Dans l'imagination, l'action du multiple se *concentre* dans l'unité, et jamais je ne *sens* mieux l'accord d'une belle métaphore avec l'idée qu'elle doit éclaircir, que lorsque je suis charmé, entraîné, ravi par la lecture d'une Ode d'Horace.

Dans l'intelligence, au contraire, il semble que l'action parte de l'unité pour aller se répandre dans le multiple. En effet, l'intelligence commence toujours par comparer, c'est-à-dire par *unir*, et finit toujours par abstraire, c'est-à-dire par *séparer*, tandis que le résultat de l'imagination est au contraire de produire cet *ensemble* qui laisse l'âme remplie d'harmonie.

§ IV. On a fait autrefois aux pédans le reproche de placer partout leur *distingo*; et tous les jours le bon sens reproche aux imaginations vulgaires la *confusion* de leurs idées. Ne semble-t-il pas que l'on reconnoisse, dans ces caricatures, l'instinct et l'allure de l'imagination et de l'intelligence? Le pédant distingue sans cesse et mal à propos, tandis que l'imagination foible et avortée rapproche des idées hétérogènes, sans avoir le talent de les réunir par l'harmonie. L'un distingue ce qu'il ne doit pas distinguer; l'autre rassemble ce qui ne peut être réuni que par l'harmonie, qu'il ne possède pas, ou qu'il n'a pas le talent de rendre sensible aux autres.

Ces unités des deux facultés actives renferment de grands mystères. Ne cherchons point à les sonder, et tenons-nous aux faits les plus évidens.

§ 5. La condition de l'unité de l'intelligence est la convenance des idées ; tout ce *qui convient à l'idée* du cercle appartient au cercle. La condition de l'unité de l'imagination c'est l'*harmonie;* tout ce qui la produit convient à l'imagination. L'harmonie a de plus pour caractère constant, *d'exciter dans l'âme un sentiment de plaisir.* Je connois le plaisir d'abord par le sentiment que j'en ai, mais, pour le bien définir et le distinguer de ce qui n'est pas lui, il faut lui trouver un caractère, pour ainsi dire, extérieur à lui-même. Ce caractère, je le reconnois *dans l'activité que tout plaisir excite dans l'âme.*

§ 6. Mais, en faisant un pas de plus, j'observe que la douleur peut aussi avoir son activité, et que le mouvement est également inséparable et du plaisir et de la douleur. Je vais plus loin, et je vois, que le plaisir *tend essentiellement au développement de l'être mixte,* tandis que la douleur est toujours *stérile.* Dans les cas même où elle ne l'est pas, elle ne cesse de l'être que parce que l'âme s'est replacée dans quelque sentiment de mieux être, où elle reprend son développement, parce qu'elle y retrouve quelque bien, ou l'idée de quelque bien, c'est-à-dire l'espérance (1).

§ 7. En effet, les appétits et les jouissances physiques tendent toujours au développement de l'individu ou de l'espèce, et les plaisirs de l'imagination et de l'intelligence tendent au développement de l'âme. Les plaisirs moraux et physiques font aller en avant la nacelle de la vie ; mais la durée des organes est courte, et leur développement amène nécessairement leur destruction, tandis que dans l'âme tout semble calculé pour un plus long voyage. Le dernier terme du développement possible des organes est leur endurcissement, tandis que le

---

(1) Il y a quelque chose du charme de l'harmonie dans l'exercice de l'intelligence, qui fait éprouver à l'âme du plaisir dans le développement des idées, comme l'imagination en fait éprouver dans le développement de la sensibilité. Tous les mouvemens de l'âme tendent au développement de l'âme ; ce qui favorise ce développement lui est agréable ; ce qui est contraire à ce développement lui déplaît. Telle est la loi de notre être : si quelquefois la sensibilité est contrariée par l'intelligence, c'est que l'intelligence est la loi de l'avenir, comme la sensibilité est la loi du présent.

dernier terme du développement possible de la faculté de sentir et de penser, se perd dans l'infini.

§ 8. L'expérience démontre les effets de l'harmonie, dont je viens de développer les rapports. C'est par l'harmonie que nous sommes sensibles aux charmes de la *variété*, qui dans les beaux-arts ne sont jamais sentis que *par l'accord de toutes les parties*. Comment, dans la musique, mille sons arriveroient-ils *à la fois* à l'âme, si ce n'étoit par l'harmonie, qui seule sait les réunir? En poésie une belle image fait converger, pour ainsi dire, deux perspectives d'idées en un seul point de vue, comme dans la métaphore ou dans l'allégorie. Dans la conversation, tel mot spirituel laisse une longue trace de lumière : en amour, telle parole semble faire frémir *à la fois* tous les accords de la sensibilité : le *moi* de Médée est un de ces foyers de sentiment, comme tous les mots sublimes : en un mot tout multiple qui est senti fortement doit son effet à l'harmonie.

§ 9. L'harmonie excite un vif sentiment de plaisir, et ce plaisir est toujours proportionné au nombre des sensations et des idées qu'elle sait animer et réunir. Plus l'harmonie est parfaite, plus elle admet de variété; plus cette variété est grande, plus la jouissance qu'elle fait éprouver est vive.

Dans chaque moment de la vie, le sentiment de l'harmonie dépend du nombre des idées que l'on a, de l'intensité de ces idées, et surtout du sentiment qui nous anime. Voilà pourquoi la même musique, le même tableau, la même tragédie produiront des effets entièrement différens sur l'homme de goût, sur le paysan, ou sur l'homme sauvage. Je crois qu'on peut admettre, comme principe, que les beaux-arts ne sont jamais sentis rigoureusement de même par deux personnes, ni par la même personne dans deux momens différens. Ce n'est pas de la différence des goûts qu'on devoit s'étonner, mais de l'accord qu'on y trouve si souvent, malgré les élémens de discordance que les idées des hommes, et la variété de leurs sentimens semblent produire. Cette concordance des goûts prouve, que le sentiment du beau n'est que le développement de la sensibilité. Et ne voyons-nous pas tous les hommes de génie porter en eux un modèle, un beau idéal, qu'aucun ouvrage de l'art n'a encore pu réaliser, ni atteindre, et qui n'est qu'un développement encore plus complet de nous-mêmes.

Nous avons dit, que l'harmonie excitoit l'activité de l'âme. En effet, c'est le besoin de l'harmonie qui a fait *inventer* les beaux-arts; elle est la véritable muse qu'on invoque, et c'est elle qui fait quelquefois descendre la beauté sur la terre, pour embellir la vie et couvrir de fleurs l'aridité de l'existence.

L'invention dans les beaux-arts n'est que l'effet de l'activité de l'âme, excitée par le plaisir de l'harmonie. Dans les âmes grossières, chez qui l'harmonie n'est que foiblement sentie, la sensibilité, au lieu d'élever l'être sentant à la contemplation du beau, agit sur les organes, et précipite la vie dans la mer orageuse des passions.

§ 10. Enfin, c'est par l'harmonie que le sentiment du beau, et par lui *l'imagination se développe*. Plus l'âme éprouve d'harmonie, et plus tous les foyers de l'imagination deviennent actifs et féconds. N'a-t-on pas vu en Grèce le sentiment du beau faire naître ces chefs-d'œuvres qui semblent maintenir leur empire sur les nations et les siècles?

Il est tellement vrai que les beaux-arts

sont à la fois l'effet et la cause du développement de l'imagination, qu'avec les beaux-arts on a vu naître, chez les Grecs, plus de talens et de vertus, qu'on n'en a vu depuis chez aucune nation de la terre. Les vertus aimables, qui tiennent à l'imagination, avoient donné aux Grecs cette sociabilité qui prépare à des vertus plus solides. Ce fut chez eux que naquirent les lois et la liberté. Ce grand développement de l'esprit, qui par les Grecs fut porté chez toutes les nations aujourd'hui policées, ils le devoient en partie à la variété de leurs mœurs et de leurs lois; variété qui tenoit à leur situation géographique, au grand nombre de leurs îles, à la proximité de tant de formes variées, et de tant de peuplades, assez proches pour communiquer ensemble, et assez éloignées pour ne pas être jetées dans un même moule. Ces Grecs, à qui le genre humain est redevable de tout ce qui fait le charme de l'existence, vivoient isolés et libres chacun sous sa forme native. Ces hommes n'étoient pas, comme les Persans leurs voisins, taillés sur un même modèle, à la manière de ces arbres condamnés autrefois à faire l'ornement de nos tristes jardins. Le

Grec du bel âge de l'histoire étoit ce chêne majestueux, qui, libre dans ses développemens, et riche de tous les dons de la nature, étale à la fois sa superbe individualité. L'abstraction réalisée est le plus grand des tyrans. Il est aisé, il est naturel à l'esprit de retrancher l'individuel de l'abstrait; mais, réaliser ces opérations de l'esprit, c'est mutiler l'homme, c'est réduire la nature au moule étroit de nos conceptions; c'est attenter à l'avenir et anéantir jusqu'à l'espérance.

DÉVELOPPEMENS
DE LA PREMIÈRE PARTIE,
SUR
LES LOIS DE L'IMAGINATION.

CHAPITRE PREMIER.

De l'invention dans les Beaux-arts.

§ 1. *Il faut chercher la source de l'invention dans la première loi de l'imagination.* § 2. *La seconde disposition et l'ordre des idées découle de la seconde loi de l'imagination.* § 3. *L'unité naît du développement du sentiment moteur.* § 4. *Plus de mémoire que de sensibilité produit les réminiscences.* § 5. *Ce que c'est que le goût naturel et le goût factice.* § 6. *L'intelligence finit ce que l'imagination invente*

§ 1. L<small>E</small> phénomène psychologique de *l'invention* dans les beaux-arts n'est que la sensibilité concentré dans l'unité des rapports harmoniques. L'artiste, qui compose, commence par sentir vivement : ce sentiment rare et sublime n'est pas volontaire, puisqu'on l'appelle *inspiration*. Il en résulte que les idées en rapport avec ce sentiment se mettent en jeu d'après les lois de l'imagination.

§ 2. Du premier éveil de l'imagination résultent les idées *de préférence*, qui sont la matière première de l'invention; de *l'intensité* de ces idées naît *l'ordre* et la *disposition* des parties, selon les rapports plus ou moins prochains qu'elles se trouvent avoir avec le sentiment excitateur. La présence prolongée d'un même sentiment produit l'harmonie prolongée de la pensée; et c'est de cette harmonie que naît l'unité de l'ensemble, qui règle la vîtesse et la succession des idées d'après les lois de l'imagination, indiquées dans la première partie de cet ouvrage.

§ 3. Mais c'est le sentiment *un* et *simple* de l'harmonie, qui donne la vie et la beauté à l'œuvre de l'invention. Ce sentiment moteur agit sur les sentimens subordonnés, qui, à leur tour, réagissent sur lui, pour élever et agrandir de plus en plus la pensée créatrice de l'ouvrage. Le cercle des premières conceptions va croissant autour de son centre, et l'âme se met toujours mieux au ton de son ouvrage, c'est-à-dire que l'harmonie se développe toujours plus nettement.

La première conception est-elle achevée, l'esprit, revenant en arrière, corrige les méprises d'un sentiment foible et naissant, par les lumières d'un sentiment plus élevé, plus concentré, et mieux développé dans ses rapports harmoniques.

C'est donc le sentiment un et simple, appelé sentiment moteur, qui commence l'ouvrage; c'est lui qui préside à sa formation, et c'est lui encore qui, imprimant à l'œuvre du génie le sceau de l'harmonie, le fait passer d'âge en âge.

§ 4. L'on conçoit que trop de mémoire peut, chez les artistes médiocres, être un obstacle à l'invention. Chez eux, tous les sentimens se trouvent tellement saturés d'idées, que, dans la composition, leur sentiment ne peut plus sortir des couleurs étrangères, qu'ils trouvent non-seulement avec leur mémoire, mais encore avec leur imagination. Je veux dire que ce n'est pas leur mémoire qui se saisit des idées d'autrui, mais c'est le sentiment même qui les prend partout sur son passage, pour ne produire que ce qu'on appelle des *réminiscences*.

§ 5. L'habitude de l'harmonie monte tellement l'imagination au sentiment de la beauté, que l'homme semble par là acquérir un sens nouveau appelé le *goût du beau*.

Mais il faut, dans ce qu'on appelle le *goût*, distinguer avec soin le *goût naturel*, qui n'est que le sentiment de l'harmonie, d'un *goût factice* et appris, qui ne tient qu'à la mémoire. Ce goût d'emprunt se pare d'idées brillantes, mises en rapport avec cette portion de sensibilité que la nature a départie à presque tous les hommes : ce goût factice a l'air du talent, mais il est sans vie et toujours dépourvu de sensibilité réelle.

Ces goûts, nés de l'impuissance de sentir, ne sont que des manequins sans âme. Dans la décadence des arts, ils deviennent les idoles que l'on encense dans les grandes cités. Ces idoles peuvent être belles, et sous ce rapport appartenir encore à l'harmonie ; mais ce qui les distingue du génie des arts, c'est leur impuissance à produire quelque chose de beau et d'original. Les hommes à goûts factices, hérissés de règles et de préceptes, perdent enfin la capacité de sentir pour ne conserver que celle de juger : et comme, pour bien juger dans les arts, il faut sentir fortement, ces juges énervés finissent par faire l'office d'eunuques (1) dans le temple de la beauté, qu'ils profanent bien plus qu'ils ne l'encensent.

Le caractère de la décadence des beaux-arts, d'après Winkelman, est de ne produire que des réminiscences et du maniéré. On conçoit qu'aussitôt que le sentiment s'est perdu chez une nation, le goût même du beau lui défend de rien produire. Les Romains avilis par le despotisme, entourés de tous les chefs-d'œuvre de l'art, cessèrent pour un tems de rien produire (2); c'est que leur sentiment étoit tombé au-dessous de celui des grands auteurs, dont ils possédoient les ouvrages.

L'histoire du mauvais goût seroit bien instructive : il seroit curieux d'étudier les avortons d'un sentiment foible et mourant. L'impuissance de sentir fortement se lit sur tous les ouvrages du goût dans sa décadence,

───────────────

(1) Qui n'a pas lu la visite de Candide chez Pocorurante ?
(2) Les bas-reliefs de l'arc de Constantin ont été pris d'un bas-relief de l'arc de Trajan. Du tems de Constantin, on respectoit assez les beaux-arts, pour avouer l'infériorité des talens du siècle de cet empereur, en comparaison des deux siècles qui l'avoient précédé.

et rien ne rend un plus bel hommage à la nature et à la vertu, que les monstres nés des hommes avilis.

§ 6. L'imagination, arrivée au point de développement où elle compose des ouvrages, prend la marche de l'intelligence, aussitôt qu'elle voit devant elle un *objet* réel auquel elle peut se fixer : voilà pourquoi, en parlant des beaux-arts, on emploie si souvent le langage de l'intelligence. Voyez travailler l'artiste: ce qu'il a d'abord *senti*, il le *pense* aussitôt qu'il le *voit devant lui*; il sent et réfléchit tour-à-tour : son ouvrage a-t-il pris du corps, est-il sorti de son âme sous une forme matérielle, il est devenu un *objet* non seulement de sensibilité, mais encore de *connoissance*. Dès lors la pensée reprend le caractère de l'intelligence, son à plomb, sa fixité et sa durée. Bien plus, la sensibilité, d'abord muette, trouve tout à coup un langage, et le plus sublime des langages, celui des beaux-arts, qui est l'expression naturelle et unique de l'imagination développée.

C'est ainsi que l'imagination invente, et que l'intelligence achève et finit les ouvrages des beaux-arts.

CHAPITRE II.

Application de la théorie de l'imagination à l'histoire des beaux-arts.

§ 1. *Les quatre époques des beaux-arts d'après Winkelman.* § 2. *Application des principes de cet ouvrage à l'histoire des beaux-arts.* § 3. *Ce que c'est que la grâce.*

§ 1. W<small>INKELMAN</small> distingue quatre époques dans son histoire des beaux-arts chez les anciens.

Le caractère de la première époque est la force réunie à la dureté de l'expression. Dans la seconde, la force se retrouve encore, mais unie à la beauté : ce n'est que dans la troisième époque qu'on voit se développer cette perfection de l'art, qui a donné une si grande supériorité aux anciens ; et ce n'est que dans cette époque, que la beauté et la vérité parfaite sont réunies à la grâce.

Enfin, dans la décadence de l'art, le talent, au lieu de s'élever à une inspiration qu'il n'éprouve plus, ne fait que copier les ouvrages des grands maîtres. C'est le tems de l'imitation, du maniéré, du style des écoles, et surtout de la nullité d'invention.

Je voudrois ajouter une cinquième époque, qui seroit celle des mauvais ouvrages. Dans la quatrième, le respect pour ces œuvres des grands hommes empêchait qu'on ne luttât avec eux, et ce ne fut qu'après avoir perdu ce respect, que la médiocrité eut l'impudeur de produire pour un public dépravé, digne d'admirer ses ouvrages.

§ 2. Vous voyez, dans cette histoire des beaux-arts, celle de l'imagination. Dans la première époque, le sentiment, concentré dans un point unique, n'avoit pas encore développé tous ses rapports; c'est le tems du style sec des Egyptiens. Une conception vive et forte avoit produit un trait unique, dur, mais d'une grande vérité; c'est la naissance de l'art, c'est la force sans ce *moelleux*, qui n'est que le développement du trait.

A mesure que les rapports de sensibilité se multiplièrent, la beauté naquit de la variété, et de l'harmonie de ces rapports. Mais l'âme de la beauté, *la grâce* n'étoit pas née encore; elle ne parut que dans la troisième époque. Mais qu'est-ce que la grâce?

§ 3. La grâce n'est *que le mouvement de la beauté;* c'est dans elle que réside la beauté suprême. Je vais tâcher de développer cette idée.

Le mouvement modéré peut se diviser en parties, tandis que le mouvement trop rapide se confond en une seule sensation : quand je tourne avec vîtesse un charbon ardent, je ne produis qu'un cercle rouge sans aucune idée de mouvement.

Il y a d'autres mouvemens, ni trop lents, ni trop précipités, où je puis distinguer et combiner ensemble des parties de mouvement. Dans les mouvemens de la grâce, je distingue des parties qui se suivent et se lient toutes l'une à l'autre. Il faut que, par exemple, dans la danse chaque attitude dans chaque point donné, ait sa beauté; il faut de plus qu'il y ait un *ensemble* dans la *suite* et dans les combinaisons de ces beautés partielles ; il faut (ce qui est plus difficile encore) que tous les *passages* d'un mouvement à l'autre aient la beauté absolue de l'instant présent, la beauté relative de l'instant qui va suivre, et celle de l'instant qui a précédé: tout cela ne suffit pas, il faut que ces grandes parties, déjà si parfaites en elles-mêmes, aient un rapport constant avec l'ensemble.

Je crois qu'il importe, dans la danse, de faire sentir dans le mouvement continu quelques points de repos qui en marquent les parties, afin de produire de petits ensembles, que l'âme rattache ensuite à de plus grandes parties, et par elles au grand ensemble, qui est *l'unité*.

La grâce parfaite composera, dans quelques instans, des attitudes assez nombreuses pour occuper la vie entière d'un sculpteur (1).

La grâce est l'âme de la beauté, puisque c'est elle qui anime d'une même vie une nombreuse suite d'harmonies, et s'il est vrai

---

(1) On me demandera comment il y a de la grâce dans le marbre ou sur la toile, où il n'y a pas de mouvement réel. J'observerai qu'il n'y a de la grâce que dans ce qui donne l'idée du mouvement; il n'y en a point dans les figures égyptiennes à bras pendans le long du corps et à jambes serrées. Le sentiment de la grâce est toujours dans ce qui donne l'idée du mouvement, ce qui suppose un mouvement qui précède et un mouvement qui va suivre. Il y a quelque chose de si ravissant dans le mouvement de la beauté, que telle attitude suffit pour causer la même émotion que causeroit une suite de mouvemens. Et il suffit, pour trouver de la grâce, que le sentiment soit assez ému pour supposer les mouvemens que l'on ne voit point, mais que l'imagination crée et compose elle-même.

que la beauté soit l'harmonie de l'harmonie, la grâce, multipliant la beauté par le mouvement, sera la beauté suprême.

Qu'on parcourre par la pensée l'empire des beaux-arts, et l'on verra qu'aucune qualité ne peut remplacer la grâce, qui suppose toutes les qualités, les multiplie toutes par le mouvement, et les anime par l'harmonie universelle. C'est la grâce qui sait réunir chaque instant indivisible de beauté à ce centre mystérieux, où tout ce qui est varié va se confondre dans le foyer de l'unité.

Il y a de la grâce dans le discours lorsqu'un sentiment unique y développe avec aisance des rapports inattendus et nombreux; c'est ce qui fait le caractère du style de madame de Sévigné.

Vous voyez que l'unité, sans laquelle il n'y a pas d'harmonie, est essentielle à la grâce, puisque sans unité il n'y a pas ce rapport central et suprême, qui embrasse et confond toutes les harmonies en une seule harmonie. De là vient qu'il n'y a jamais de grâce que là où il y a réellement de l'âme, c'est-à-dire une sensibilité simple et vraie. Otez l'unité dans les mouvemens que l'on cherche à rendre agréables, et vous aurez

F

de l'affectation et de la minauderie. Pourquoi les animaux, même lourds, comme les petits chiens ont-ils une certaine grâce ? C'est que leurs mouvemens annoncent toujours une seule intention, ce qui vient de cette sensibilité de l'enfance toujours vive et concentrée dans la chose unique qui l'occupe dans le moment. Pourquoi n'a-t-on jamais de grâce lorsqu'on a l'intention d'en avoir ? C'est que l'amour-propre, qui inspire cette intention, tarit le sentiment d'où la grâce émane, et qu'on n'est jamais plus gauche que quand on est poussé à la fois par deux impulsions opposées (1). L'amour et toutes les passions agréables ont toujours de la grâce, si l'on s'y livre avec cette innocence et cette naïveté du jeune âge qui ne se doute de rien.

Revenons à Winkelman. La quatrième époque de l'art, celle de l'imitation, annonce la foiblesse du sentiment moteur. L'âme,

---

(1) L'on pourroit dire qu'il y a quelquefois de la grâce dans l'expression de deux mouvemens opposés de l'âme, comme lorsque l'amour est combattu par la pudeur; mais cela n'est vrai que lorsqu'un des sentimens est relevé par l'autre; le plaisir qui en résulte ressemble alors à ces dissonances savantes, qui font un si grand effet dans la musique lorsqu'elles sont placées à propos. Toutes ces dissonances, en sentiment comme en musique, rendent l'unité plus saillante.

devenue trop stérile pour produire, ne laisse pas de sentir encore quelque tems la beauté dans les ouvrages des grands maîtres; mais comme le sentiment créateur n'existe plus dans l'âme de l'artiste, on le voit errant de *manière* en *manière*, jusqu'à ce que la nullité de son talent l'ait mis au niveau de la nullité de son âme.

CHAPITRE III.

§ 1. *L'harmonie est l'accord qui réunit le multiple dans l'unité.* § 2. *Toutes les règles du beau émanent de celle de l'unité.* § 3. *Unité d'action, de convenance. L'art de grouper.* § 4. *Vérité, imitation, caractère.* § 5. *Les idées claires sont du domaine de l'imagination, les idées distinctes n'appartiennent qu'à l'intelligence. Les idées ne sont claires ou distinctes que relativement à d'autres idées.*

La beauté suppose l'harmonie, qui réunit la variété dans l'unité, et le dissemblable dans l'accord. Plus l'harmonie est parfaite, et plus cet accord est plein et parfait; plus l'unité est concentrée, plus elle est énergique dans ses effets, et féconde dans ses productions. Une oreille peu excercée se contentera d'un accord quelconque, tandis qu'une bonne oreille n'admettra que les sons les plus justes, et l'harmonie la plus sévère. Qu'en arrivera-t-il? Le musicien médiocre produira de la musique maigre et discordante, tandis que le musicien sévère versera comme Pindare, des torrens de sons et d'harmonie.

« Fervet immensusque ruit profundo
» Pindarus ore. »

Il en est de même en peinture. L'artiste, fortement frappé par toutes les disconvenances de composition, de dessin et de coloris, produira les plus belles conceptions. Son âme formée par l'harmonie sera choquée par tout ce qui n'aura pas cet accord parfait, où ce qui est beau va se confondre dans l'unité.

Le foyer de l'harmonie, semblable au foyer du miroir ardent, est brûlant en raison de la concentration des rayons : plus ces rayons sont réunis, plus le foyer a d'activité.

J'appelle *unité* ce foyer de l'imagination, où rien ne peut entrer s'il n'est réuni par cet accord du dissemblable que j'appelle *harmonie*. Il est tellement vrai que c'est de ce foyer qu'émane la beauté, *que toutes les règles du beau peuvent se réduire a la règle de l'unité.*

La règle des trois unités prescrites au théâtre, se réduit à celle de l'unité d'action ou d'intérêt. Si je plaçois la mort de César à Carthage, le spectateur verroit sans cesse deux action, l'une placée à Rome, et l'autre en Afrique. Si je faisais César contemporain de Henri IV, on verroit avec dégoût une espèce de double action, à peu près comme on voit les objets doubles dans une glace brisée. Tant que le manque de ces deux unités ne choque pas l'unité d'intérêt ou d'action, il est indifférent de suivre les deux autres ou de s'en écarter.

Deux *motifs* dans un même air ne seroient pas moins révoltans que deux sujets qui, dans un tableau, ne seroient pas, comme dans la transfiguration de Raphaël, liés à une action unique.

Toutes les règles qui tiennent aux *convenances* n'aboutissent qu'à la règle de l'unité. Horace, après les avoir données, ajoute : « Enfin que votre ouvrage soit simple et un. » *Denique sit quod vis simplex duntaxat et unum.*

Tout ce qui va au sujet, tout ce qui augmente l'intérêt est toujours *convenable* dans les beaux-arts. L'on voit qu'il ne peut y avoir de convenance sans unité.

L'effet, dans la peinture, n'est que l'unité de lumière et de coloris. L'art de *grouper* (tout comme l'art de faire le plan d'un poëme), n'est que l'art de ramener toutes les figures à la figure principale, de subordonner les grandes parties au tout, et de rallier les petites parties à l'idée centrale de cette partie, afin de rattacher par tous ces petits centres le multiple à l'unité. On exige de la grâce dans les groupes, parce que l'immobile peinture fait mouvoir l'âme du spectateur qui va d'une figure à l'autre par des passages toujours harmoniques.

La *vérité* est nécessaire en poésie, parce que l'action que nous jugeons n'être pas vraie, fait double effet avec celle que nous jugeons être la véritable. Il en résulte que l'on ne s'attache à aucune, et qu'on rejette l'ouvrage avec dégoût. Ce dégoût perpétuel pour la multiplicité, ou plutôt la discordance d'action, est une nouvelle preuve que l'interêt ne peut émaner que de l'unité d'harmonie, qui, semblable à l'esprit qui plane sur le chaos, crée partout l'ordre, la lumière et la beauté.

L'*imitation parfaite* est nécessaire dans tous les arts, parce que tout ce qui est mal imité, *divergeant de l'idée* qu'on s'étoit formée de l'original, fait voir double, et produit le dégoût le plus complet.

Quelquefois l'unité est dans le sentiment, comme, par exemple, dans ces jardins qui plaisent par leur irrégularité et leur désordre apparent, et qui, pour avoir placé leur unité dans le cœur, n'en ont que plus de charmes (1).

―――――――――――――――――――――

(1) On peut dire des jardins appelés *anglois* ce que Boileau a dit de l'ode : *souvent un beau désordre est un effet de l'art*. Ce désordre apparent est ordre dans la sensibilité, et c'est toujours au sentiment même qu'il faut remonter lorsqu'un ouvrage de l'art nous plaît malgré les règles de l'art.

Les *désordres* de l'ode proviennent de la suppression de toutes les idées *qui ne font pas effet dans l'ensemble*: plus le sentiment qu'inspire le poëte est exalté, et plus l'ordre que la sensibilité demande s'écarte de l'ordre que l'intelligence exige. On sent que les désordres apparens de l'art rentrent toujours dans les règles de l'harmonie, qu'il ne faut jamais chercher que dans le cœur même.

Les ballets et l'opéra de Paris sont certainement le chef-d'œuvre des beaux-arts, puisque tous les arts y sont réunis par une magie qui agit *à la fois* sur tous les sens, et fait naître toutes les harmonies douces dont le cœur humain est susceptible ; mais plus l'*exécution* de tant de merveilles est admirable, et plus on y néglige la première règle de l'art, celle de l'unité, qui trop souvent y est noyée dans les détails ; ce n'est pas que l'on ne puisse y trouver une foible unité, mais les détails, je

C'est le secret du génie des beaux-arts, et peut-être celui des grâces, d'arriver au sentiment sans passer par les images, et de conquérir le cœur, sans qu'on puisse trouver les traces de leur passage.

---

dirois presque la perfection dans l'exécution de ces détails, la font trop souvent perdre de vue. Le mouvement d'intérêt pour le sujet n'y a pas la rapidité que le cœur exige, et que les grands auteurs dramatiques ont si bien su produire.

Je ferois le même reproche à la déclamation lourde et traînante de presque tous les acteurs de Paris du second ordre, qui, sans jouer toujours faux, ne déclament pas dans la mesure du cœur et de la sensibilité. La déclamation de ces acteurs produit sur moi l'effet d'un tableau sans clair-obscur; à force de faire ressortir tous les détails, tout se trouve rangé sur la même ligne.

Les charmantes pièces de *Picard* ont quelquefois un autre défaut d'unité : cet auteur spirituel fait le plan d'une pièce pour y placer son esprit et ses saillies. Je crois voir Titien choisissant des sujets pour ses couleurs, et non pas des couleurs pour ses sujets.

La véritable source du beau est toujours dans l'unité; c'est en la négligeant que les beaux-arts dépérissent. Il n'y a pas jusqu'à l'art charmant de la danse qui ne vienne à se perdre lorsqu'on y sacrifie l'unité aux détails. Il y a mille passages dans les ballets de l'opéra de Paris auxquels on peut appliquer le mot d'Horace : *sed non erat hic locus*. Les beaux-arts, nés de la sensibilité concentrée se perdent par la sensibilité dispersée; le génie de l'art commence par l'unité créatrice, et finit par les détails pris aux dépens de l'ensemble. L'âme de l'unité une fois éteinte dans les ballets, les pirouettes et les sauts les plus savans des danseurs applaudis ne seront plus que des mouvemens exagérés, et souvent ridicules.

Je ne sais si l'on a toujours bien senti le véritable mérite de

Dans l'art dramatique, dans la musique, dans la peinture, en un mot dans tous les arts, chaque personnage et chaque objet doit avoir son *caractère* duquel tout émane, et auquel tout est subordonné.

« Si dicentis erit fortuna absona dictis
» Romani tollunt equites peditesque cachinnum. »

Shakespear. Ce génie sauvage sait mieux qu'un autre *jeter l'âme dans des situations tellement tragiques*, que l'imagination ne sent plus les défauts que les esprits froids lui reprochent avec raison dans les détails. Ce sont les *situations tragiques*, qui, dans les tragédies, sont les véritables foyers de la sensibilité, et des sources inépuisables d'harmonie.

La véritable unité, l'harmonie créatrice des beaux-arts n'habite que dans les profondeurs de l'âme. Dans la naissance de l'art, elle néglige les détails qui supposent la connoissance de l'art : il en résulte que, dans cette époque, elle est quelquefois sublime et toujours négligée.

Règle générale : dans la naissance de l'art les détails sont sacrifiés à l'unité, et dans la décadence de l'art l'unité est sacrifiée aux détails.

Qu'on ne s'y trompe pas : je ne parle point ici de cette espèce de simétrie, de cette unité historique, facile à rencontrer sitôt qu'on veut la chercher; mais de cette unité d'harmonie, de ce foyer de sensibilité, qui, placé dans le sentiment, et non dans les idées, n'est jamais accessible qu'au génie.

J'ajouterai que la critique trop minutieuse des détails, née de l'impuissance de sentir l'ensemble, hâte la décadence des beaux-arts et du goût. L'instinct de la bonne critique et du véritable talent tend bien plus à faire pleinement sentir ce qui est beau dans l'ensemble qu'à faire trop ressortir les détails. C'est l'habitude de s'appesantir sur les détails aux dépens de l'unité, qui finit par rendre incapable de juger, et de sentir l'harmonie, sans laquelle il n'y a jamais de beauté.

Cette règle n'est encore que la règle de l'unité, qui veut que tout parte d'un centre commun. Or, le *caractère* n'est autre chose que ce foyer unique d'activité d'où émane *l'action* et *l'effet* d'un ouvrage ou d'une personne.

Je me hâte d'arriver à la seule difficulté que je voie dans le développement de ce principe. C'est quelquefois par les obstacles surmontés que l'on arrive aux idées nouvelles et aux points de vue inattendus.

Toutes les règles qui prescrivent la clarté dans les ouvrages des beaux-arts comme une des règles les plus essentielles, méritent une discussion approfondie. Il semble qu'il n'y ait rien de plus facile que de définir la clarté, et il n'y a rien de plus difficile. Les recherches que j'ai faites pour y arriver m'ont amené à des résultats intéressans. Voici ces résultats: 1.° La clarté dans les idées n'appartient qu'à l'imagination, tandis que les idées *distinctes* sont exclusivement du domaine de l'intelligence. 2.° Les idées *claires* et les idées *distinctes* ne sont claires et distinctes que *relativement* à d'autres idées.

J'observerai d'abord que quand on parle des beaux-arts il n'y a point de clarté absolue dans les idées. Une tache blanche très-confuse indiquera avec toute la clarté nécessaire un palais dans le lointain d'un paysage. Un son foible et rapide aura toute la qualité requise dans tel passage d'un air, et le sculpteur habile ne fera qu'indiquer la chevelure et les ongles d'Hercule.

> Emilium circa ludum faber unus et ungues
> Exprimet, et molles imitabitur ore capillos:
> *Infelix operis summâ, quia ponere totum*
> *Nesciet.*
> Horace. Art. poétique.

Tout, dans les ouvrages de l'art, n'est calculé que sur l'effet, c'est-à-dire sur cette action centrale et unique de la sensibilité appelée *harmonie*, de laquelle émane la beauté.

L'idée d'un objet quelconque est susceptible d'une action très-multiple sur les autres idées. Cette diversité d'action ne résulte pas seulement des différentes intensités de cette idée, elle varie continuellement, suivant l'idée sur laquelle elle opère. Ce qui est *clair* dans une idée, est la partie de cette idée *qui se montre dans l'effet total appelé harmonie*. C'est ainsi que la lune ne nous laisse voir que sa portion éclairée par le soleil. Dans l'application de cette image aux beaux-arts, la partie éclairée de la lune représente la portion de l'idée *qui est en rapport avec l'harmonie,* portion qui seule réfléchit les rayons de la sensibilité. C'est ainsi que, de l'idée totale d'une ville, il suffit de quelques traits confus pour le lointain d'un paysage. L'art de voiler à propos, l'art d'obscurcir ou de cacher ce qui ne doit pas être vu, pour faire ressortir ce qui doit faire effet, exige bien autant de goût que l'art de montrer ce qu'on doit faire paroître ; et le secret de se taire à propos, de se taire à demi ou en entier, est souvent plus difficile que celui de parler.

Voulez-vous au contraire représenter une idée dans tous son éclat et dans toute sa splendeur ? Rapprochez-la autant que possible de la sensation. La perfection de la représentation d'un objet, sera de redevenir ce même objet, de ramener la vie sur la toile, d'animer le marbre même, ou de verser l'harmonie des accords jusque dans l'air qu'on respire.

Une idée *obscure* pour l'imagination, est une idée *sans effet;* c'est un trait noir qui n'entre point dans le foyer brillant de l'harmonie ; c'est un nuage entre la lumière et l'objet, entre le sentiment et l'image. Un bâton rond planté dans l'épaule d'une statue, pourroit bien être le *signe* d'un bras, mais il ne fera aucun *effet* dans la statue, non plus qu'une phrase obscure n'en fait dans un poëme.

Toutes les idées qui entrent dans la composition des ouvrages des beaux-arts, sont autant de petites forces, qui, par leur réunion harmonique, produisent une seule action, *un effet unique*, qui est la *beauté*. Toute idée qui ne sert pas à l'harmonie arrête l'action totale de l'imagination, ou la détruit tout-à-fait, à peu près comme un rouage inutile gâte la machine la mieux combinée. Passons aux idées *distinctes*.

L'imagination n'en a jamais, parce qu'elle ne juge jamais. Le jugment suppose la comparaison d'un *objet* avec un autre *objet*. Ce qui résulte d'un jugement, c'est la séparation que l'âme fait de l'identique d'avec ce qui ne l'est pas. L'imagination ne fait rien de tout cela : elle attire ou repousse, elle prend ou rejette, en tout ou en partie, ce qui lui plaît, ou déplaît, mais elle ne *distingue* jamais. Les opérations de l'imagination se font toutes dans le sentiment, et jamais dans les idées, tandis que les opérations de l'intelligence se font toujours dans les idées et jamais dans le sentiment.

Remarquez qu'il n'y a point d'idée distincte que relativement à l'objet auquel on la compare. Telle idée, dites-vous, est distincte. Voici une idée à laquelle vous ne l'avez pas comparée encore. Qu'en arrivera-t-il? que vous trouverez votre prétendue idée distincte confuse du côté de l'idée nouvelle, et vous la trouverez confuse jusqu'à ce que vous ayez séparé ce qui, dans ces idées comparées, se trouve identique, de ce qui ne l'est pas (1).

Le développement complet de l'intelligence semble consister dans le développement complet de l'action variée des idées les unes sur les autres, action qui semble croître par l'analise et la décomposition des idées, et se multiplier presqu'à l'infini.

Le jeu et le mécanisme de l'ensemble de

---

(1) Dans le système de Wolf, l'intelligence est la faculté de former des idées distinctes. *Facultatem res distinctè repræsentandi dicimus intellectum*, dit Baumeister. La géométrie n'est que le développement de deux ou trois figures, du triangle, du cercle, et des parallèles, etc. développement qui se fait en variant l'action d'une même idée par des comparaisons différentes.

la pensée est donc une action et une réaction perpétuelle de toutes les idées les unes sur les autres, action dont le résultat est le développement total de l'homme.

L'ordre est à l'intelligence ce que l'harmonie est à l'imagination; il tend à produire l'abstraction la plus élevée, comme l'harmonie tend à faire naître dans l'âme de l'artiste la beauté la plus parfaite.

CHAPITRE IV.

Définition que Pythagore a donnée de l'harmonie. Rapport qu'il y a entre l'harmonie et l'ordre qui forme un tout dans l'univers.

Les anciens ont très-bien défini l'harmonie quand ils ont dit qu'elle étoit *l'accord des dissemblances*. En effet, le phénomène de l'harmonie suppose dissemblance et accord, d'où résulte *unité* et *variété*. On conçoit comment Pythagore a pu dire que le monde même étoit né de l'harmonie. *Mundum ipsum eâ ratione esse compositum, quam postea sit lyra imitata* (1). L'idée de sagesse suppose l'idée de but et de moyen, et, si l'univers est émané de la suprême sagesse, nous ne pouvons avoir une idée de cette émanation que par celle d'une grande *fin*, obtenue par de grands *moyens*. Les causes finales ne nous prouvent une cause intelligente, que parce qu'il n'est donné qu'à l'intelligence de voir le multiple dans l'unité, et que, partout où nous retrouvons un tout, une unité dans le multiple, nous en concluons qu'il y a une cause intelligente. Ce fut cette idée d'une fin, qui, réunissant le multiple de l'univers dans une conception unique, fit conclure que le *tout* ne pouvoit être né que d'une cause intelligente (1).

Cette propriété de l'intelligence, de *voir l'unité dans le multiple*, a une singulière

---

(1) *Pythagoras, atque eum secuti acceptam, sine dubio antiquitus opinionem vulgarunt, mundum ipsum eâ ratione esse compositum, quam postea sit lyra imitata. Nec illâ modò contenti dissimilium concordiâ, quam vocant harmoniam, sonum quoque his motibus dederunt.* Quintilien. L. I. Cap. VIII.

(1) *Astra suspeximus, tum ea qui sunt infixa certis locis, tum illa, non re, sed vocabulo errantia ; quorum conversiones, omnesque motus, qui animo vidit, is docuit, similem animum suum ejus esse, qui ea fabricatus esset in cœlo.* Cicer. Tuscul. L. 1. Cap. 25.

analogie avec la propriété de l'imagination de saisir le dissemblable dans l'accord. C'est encore là un point de ressemblance entre les deux facultés actives. Il y a cependant de grandes différences entre les deux unités : l'unité de l'intelligence est une unité d'ordre; l'unité de l'imagination une unité d'harmonie; l'unité de l'intelligence tient à un *principe* qui embrasse un grand nombre *d'idées* subordonnées, tandis que l'unité de l'imagination se trouve *dans l'harmonie qui sait réunir un grand nombre de sentimens*, l'une dans son foyer concentre des idées, et l'autre des rayons de sensibilité.

Nous ne pouvons concevoir l'univers comme un *tout*, qu'en supposant à ce tout une unité qui ne peut exister dans les choses mêmes, mais dans la cause intelligente à qui seule il appartient de réunir en un tout les choses individuelles. Sans doute que Pythagore a été frappé du singulier rapport qui se trouve entre l'harmonie de l'intelligence et l'harmonie sortie de la lyre. Il a senti que les sons harmonieux alloient tous se réunir dans un sentiment unique, comme le multiple va se réunir pour l'être intelligent dans une idée suprême, qui portant en elle le sceau de la

G

sagesse, est le lien du multiple et la cause ordonnatrice de l'univers.

CHAPITRE V.

§ 1. *Tempérament.* § 2. *L'influence de l'organisation ne trouble point les lois de l'être spirituel.* § 3. *Le caractère, ce que c'est.* § 4. *Ce qui résulte de l'harmonie de la pensée avec l'organisation.* § 5. *Influence de l'harmonie successive de nos actions sur le bonheur.*

§ 1. L<small>E</small> premier résultat de l'influence de l'organisation sur l'âme est ce qu'on appelle le *tempérament*, qui n'est autre chose que l'influence habituelle de ce qu'il y a de dominant dans l'organisation de l'individu.

Ce qu'on a écrit sur les différens tempéramens, que depuis Hippocrate on a divisé en sanguin, mélancolique, bilieux et phlegmatique, prouve bien évidemment que le tempérament a sa source dans l'influence de l'organisation sur les actions de l'individu. Les médecins, dans les traitemens de leurs malades, y ont toujours égard. Comment le tempérament pourroit-il agir sur l'âme, si ce n'est par l'imagination, c'est-à-dire par le sentiment moteur.

Dans la première enfance, l'organisation agit impérieusement; mais les premières sensations ayant une grande énergie, réagissent à leur tour avec une vivacité inconnue aux âges subséquens. Dans la vieillesse, l'organisation reprend son empire, mais alors elle trouve dans l'âme bien ordonnée le calme des sens séducteurs, et dans l'homme vertueux des phalanges de principes, exercées au grand combat de la vie.

§ 2. Qu'on ne s'y trompe pas : le régime matériel ne peut dénaturer le régime spirituel. Le véritable développement de l'âme est avancé ou retardé en tout ou en partie, mais jamais changé ni altéré essentiellement par l'influence de la matière. Les règles du beau et toutes celles de la pensée, demeurent invariables au milieu du mouvement orageux des organes (1). Partout, les lois de la sensibilité

---

(1) *Neque cognita plane videt animus, cum repente in tam insolitum tamque perturbatum domicilium immigravit,* dit Cicéron. Je ne puis m'empêcher de placer ici en entier ce beau passage de Tusculanes, de ce grand homme, aussi lumineux dans ses conceptions philosophiques, qu'il est brillant dans l'énoncé de ses idées.

« Qumque nihil esset, ut omnibus locis a Platone disseri-

et celles de la raison se développent unifor-

» tur, (nihil enim ille putat esse, quod oriatur et intereat;
» idque solum esse quod semper tale sit, qualem *ideam*,
» appelat ille, nos *speciem*) non potuit animus hoc in cor-
» pore inclusus agnoscere; *cognita* attulit : ex quo tam mul-
» tarum rerum cognitionis admiratio tollitur : neque ea plane
» videt animus, quum repente in tam insolitum tamque per-
» turbatum domicilium immigravit ; sed *cum se collegit* atque
» recreavit, tunc agnoscit illa reminiscendo : ita nihil aliud
» est discere nisi recordari. » Tusc., L. 1, Ch. 24. Qu'on me permette ici une courte digression.

Les reminiscences de Platon ne sont que ce que quelques modernes (entr'autres Leibnitz) ont entendu par *idées innées*.

Il me semble qu'on pourroit concilier les opinions de Locke, de Leibnitz et de Platon dans ce qu'elles ont de plus important sur ce sujet.

Locke dit : toutes les idées viennent des sens ; mais les sens ne nous donnent encore que des sensations, d'où la réflexion tire ensuite les idées générales, les rapports, et toutes les richesses de l'intelligence que la sensation ne nous avoit pas données.

Tout vient des sens, parce que sans les sensations il n'y auroit pas d'idées ; mais ce que la réflexion développe ensuite dans les idées ne vient pas de la sensation, puisque c'est la réflexion qui développe ce que la sensation n'avoit pas donné. La sensation est le grain de blé jeté en terre, la réflexion est ce même grain développé en épis.

La question : *Y a-t-il des idées innées ?* revient à la question : Y a-t-il des épis innés dans le germe ? J'avoue que la vue du grain que je vais jeter sur la terre ne va pas jusqu'à m'y faire apercevoir l'épi qui peut y être contenu ; pas plus que je n'aperçois dans la sensation que j'éprouve, ce que la réflexion y développera dans la suite. Mais le raisonnement et l'expérience me font supposer que l'épi étoit déjà contenu dans le grain que j'ai semé.

Il faut, pour développer la sensation jusqu'à y faire apercevoir l'épi de blé, une condition essentielle, étrangère à la sensation, qui est que cette sensation éprouve l'action de l'attention, qu'elle soit pour ainsi dire touchée par la réflexion, et vivifiée par l'intelligence.

Les hommes de tous les tems ont senti que, puisque la réflexion ne fesoit qu'apercevoir dans une idée des rapports et des parties, il falloit donc que ces rapports et ces parties préexistassent dans cette idée : Platon appeloit ces idées préexistantes, des *souvenirs*. Le fait qu'il voyoit très-bien, c'est qu'elles préexistoient dans l'âme, et que la réflexion ne fesoit que les développer. Il faut, pour être juste avec Platon, ne pas oublier que dans le passage cité par Cicéron, il n'entend par *idée*, que les *idées réfléchies* ; *cognita*, quoique la distinction entre idée réfléchie et image (*idea*, *species*) ne fût pas établie alors.

Tout vient des sens, dit Locke, et il a raison, puisque, sans la sensation, les idées réfléchies nous resteroient toujours inconnues, et inaperçues.

Il y a des idées innées, dit Leibnitz, et il a raison, si par idée innée il entend ce qui n'est développé que par la réflexion. La sensation est le grain de bled jeté en terre, la réflexion est la chaleur qui développe et mûrit le germe.

Nos idées réfléchies (*cognita*), dit Platon, ne sont que des idées rappelées ; ce qui n'est vrai que dans le fait, que ces idées ont existé dans nous avant que la réflexion fût venue les découvrir.

Les trois opinions se rencontrent dans le fait de la préexistance des idées réfléchies à l'opération de la réflexion, qui n'a fait que développer ces idées ; elles divergent entr'elles dans ce que ces opinions ont d'accessoire à ce fait.

Je hasarderai une conjecture sur les reminiscences de Platon ; c'est qu'il se peut, que, ce que la réflexion développe dans la sensation, y ait été confusément et foiblement senti lors de la présence de la sensation dans l'âme ; de manière que ces sentimens confus venant à être développés dans la suite par la

tions, et quand la logique de l'imagination (1) sera trouvée, elle sera également applicable à cette diversité de goûts, qui semble infinie aux yeux de l'ignorance, mais qui, en réalité, se réduit à quelques lois aussi constantes que celles de l'intelligence même. Je crois voir un frêle vaisseau porter une plante précieuse à la rive opposée; l'orage peut bien agiter le jeune arbrisseau, il peut par son balottement accélérer ou retarder sa croissance, mais les lois du développement de la plante et celles du mouvement de la nacelle ne peuvent jamais être confondues.

§ 3. Il est probable que la substance spirituelle a des variétés aussi nombreuses que la substance matérielle. On conçoit que le tempérament de l'âme peut se combiner avec celui du corps, et avec l'influence extérieure que nous appelons les *circonstances*, de manière à produire une variété presqu'infinie de résultats. Les combinaisons de ces trois

---

réflexion, l'âme trouve dans l'idée réfléchie quelque reminiscence de ce qu'elle avoit déjà *confusément aperçu* dans la sensation.

(1) La *logique*, proprement dite, développe les rapports qui se trouvent entre les idées. Ce que j'appelle logique de l'imagination développeroit les rapports qu'il y a entre les sentimens.

agens l'*âme*, le *corps*, et les *circonstances*, produisent plus souvent telle action que telle autre, parce que tels résultats augmentés par l'habitude dominent déjà dans tel individu sur tous les autres résultats. Ces effets réguliers, nés de cette infinie variété des causes influentes, sont ce qui forme *le caractère*, qui n'est que le penchant de l'individu à agir dans un sens plutôt que dans tout autre.

Comme nous aimons ce qui nous donne l'idée d'ordre, nous nous plaisons aussi à rencontrer des caractères réguliers, qui nous permettent de prévoir, et leurs jugemens, et leur conduite, afin d'agir en conséquence.

Tous les hommes ont un caractère, puisque le caractère n'est que le résultat habituel des causes qui nous font agir ; mais tous les caractères n'ont pas une forme régulière. Les organisations sans élasticité et sans ressort ont le caractère de la foiblesse, mais n'ont pas du *caractère*, parce que ces hommes, toujours influencés par le moment présent, ne laissent rien apercevoir de régulier dans l'empreinte de leur âme, c'est-à-dire dans leurs actions habituelles, ou dans leurs jugemens.

J'ai observé que les personnes qui *veulent* avoir du caractère sont celles qui font le plus de sottises ; elles ressemblent aux personnes qui se redressent pour avoir de la grâce, ce qui ne fait que les rendre plus gauches. En effet, il en est du caractère comme de la grâce, on n'en a jamais plus que lorsqu'on ignore qu'on en a ; car les actions qui échappent au caractère, semblables aux mouvemens qui échappent à la grâce, sont toujours les plus involontaires (1).

Ce sont les habitudes qui renforcent le caractère ; quand ces habitudes sont constantes et vertueuses, elles forment ces hommes sublimes que nous voyons, comme Epaminondas ou Caton, briller dans l'histoire. Lorsque le sort de l'humanité s'est trouvé attaché à ces grands caractères, les nations reconnoissantes, dans les siècles d'ignorance, ont fait des Dieux ou des héros des mêmes hommes que, dans les siècles de lumières, on eût appelé de grands hommes. On conçoit que rien ne développe mieux le caractère

---

(1) La raison en est que les actions émanées du caractère, et les mouvemens nés de la grâce, sont le produit pur de la sensibilité, et qu'on ne s'observe jamais moins que lorsqu'on n'agit que par elle.

que des lumières ajoutées aux habitudes; ce sont les lumières qui, en étendant les principes, leur ouvrent d'immenses perspectives. En développant les motifs, elles ajoutent sans cesse la force à la force, et produisent enfin ces hommes prodigieux, nés pour commander aux hommes.

§ 4. Quand les deux mobiles des actions humaines, le sentiment et les idées, agissent de concert, il résulte le plus grand effet possible. Voyez, par exemple, que d'élémens prédisposés pour faire dominer *l'amour* dans le régime de l'homme !

Toute la force de l'organisation le commande impérieusement; d'un autre côté, toutes les idées de beauté, toutes les images en apparence les plus éloignées et les plus indifférentes, se trouvent dans l'occasion être des alliés secrets de ce sentiment conservateur de l'espèce. Cette harmonie entre tous les principes moteurs de l'homme, se retrouve encore dans d'autres sentimens, comme dans la *pitié*, où la sensibilité physique rencontre des idées inflammables prédisposées à porter le sentiment à l'action.

Le mouvement du sentiment moteur n'est pas infini. Si vous voulez aller au-delà de ses moyens, un sentiment de fatigue vous avertit que sa force est épuisée. Or chaque sentiment de fatigue semble tendre et préparer de nouveaux ressorts qui disposent à telle action, plutôt qu'à toute autre : même le repos physique et moral a ses très-grandes fatigues. Chacune de ces fatigues nous place dans une position qui se trouve avoir son goût de préférence, qu'il est intéressant de connoître. Car il y a une harmonie dans la succession de nos actions, aussi essentielle au bonheur que la succession des sons est essentielle dans la musique.

Il y a des caractères incompatibles par la discordance de leurs mouvemens successifs : l'un veut toujours ce que l'autre ne veut pas; leurs goûts divergens, mais quelquefois invisibles ou voilés, se manifestent par la discordance de leurs *actions*. Un tact très-fin nous instruit du ton de l'humeur des personnes avec qui nous avons à vivre, ce qui nous donne le plaisir de nous mettre à l'unisson avec elles; plaisir délicieux, et pour ceux avec qui nous avons à vivre, et pour nous-mêmes, qui trouvons par là un moyen d'échapper aux discordances morales, les plus pénibles de toutes.

§ 5. Mais la plupart des hommes sont le plus souvent en discordance avec eux-mêmes, faute d'avoir un principe régulateur et harmonieux, capable de lier ensemble les actions successives; il en résulte cette irrésolution dont tant de personnes sont atteintes. Ce régime de discordance avec soi-même, est une des plus grandes sources de l'inconduite et de l'ennui. L'imagination toujours dérangée dans son œuvre, n'y est jamais à son aise. Cette discordance est dans nous-mêmes, et ce n'est qu'en nous réformant nous-mêmes, en subordonnant nos actions à des *principes constans*, que nous pouvons retrouver cette paix du cœur si essentielle au bonheur de l'homme.

L'on rencontre quelquefois des personnes heureuses par l'harmonie qu'elles savent placer dans leurs actions successives. Ces personnes savent tout faire à propos pour elles; elles ont leurs heures de lecture et de promenade, leurs heures d'occupations réglées, bien combinées avec les heures des repas et du sommeil, et cela leur suffit.

Ce bonheur facile est infiniment précieux, précisément parce qu'il est facile, quoiqu'il soit plus rare qu'on ne pense. Mais la véritable harmonie, il faut la placer plus avant dans l'âme, dans cette unité de vie dont résulte l'harmonie entre les sentimens et les actions, *unité* aussi nécessaire au bonheur, que l'unité d'harmonie est essentielle aux beaux-arts.

Vous voyez des personnes qui ont beaucoup de régularité dans les petites choses, et qui n'en ont point dans les grandes, qui ne sont jamais à leur portée. Vous voyez d'un autre côté des personnes à grands talens, avoir peu de régularité dans les petits détails de la vie. De là, cette aversion naturelle et cette perpétuelle discordance entre les petits esprits et les hommes supérieurs. De là le tourment des hommes de génie, condamnés à vivre dans les petites villes, où les petites habitudes forment un régime très-despotique, tout en harmonie avec la médiocrité, et tout en discordance avec le génie (1).

---

(1) Ces observations ne seront pas senties en France, où les hommes de lettres finissent toujours par vivre dans la capitale. Ce n'est pas la même chose en Allemagne, où souvent ils sont condamnés à vivre dans de petites villes à commérage, où l'envie et la médiocrité établissent des lois très-despotiques, dont le poids accablant tombe particulièrement sur les hommes qui ne pensent pas comme leur *voisin*. Ce douloureux ennui a inspiré à Wieland son Roman des *Abdérites*.

CHAPITRE VI.

§ 1. *L'imagination ajoute à la sensation réelle.*
§ 2. *L'imagination complète la sensation.*
§ 3. *L'imagination place les sensations hors de nous en y ajoutant l'idée de distance.*

§ 1. On peut encore considérer sous d'autres rapports les phénomènes de l'imagination. En ajoutant aux sensations de la vue et de l'ouïe l'idée des distances, l'imagination place *hors de nous* ce que la simple sensation n'eût placé que dans nous-mêmes. Je vois marcher un inconnu; je distingue à peine quelques traits de sa personne; je sais tout au plus que c'est un homme et non pas une femme. On me le nomme, c'est quelqu'un de ma connoissance : alors, non-seulement je vois tous les traits de son visage, parce que je les *imagine;* mais ma vue distingue des détails réels que je n'avois pas vus, et cela est si vrai que je ne puis plus retrouver dans ce que je vois réellement les traits informes que j'avois vus d'abord. Certainement les botanistes voient mieux une plante que tout autre objet égal à la fleur qu'ils aperçoivent dans le gazon ou sur une roche élevée. La sensation agit matériellement sur l'organe, et lorsque cet organe, déjà touché au dehors par l'objet même, est encore touché au dedans par l'action de la sensibilité, il agit avec plus d'intensité.

§ 2. La sensation est un excitateur continuel, qui, combiné avec l'imagination et la mémoire, fait mouvoir la pensée d'un mouvement toujours composé. Si l'homme développé pouvoit tout-à-coup ne voir que ce qu'il voit matériellement, il seroit fort étonné du peu que la sensation lui donne en réalité, et de tout ce que l'imagination sait faire de ce peu. Voilà pourquoi l'art d'observer est si rare; c'est qu'il ne suffit pas *de voir* il faut encore *deviner*, c'est-à-dire compléter ce que la sensation laisse toujours incomplet: ce qui le plus souvent ne se fait que par l'imagination. Je connois un homme d'un mérite éminent, privé de la vue, qui ayant l'habitude de la pensée, beaucoup de connoissances et une imagination brillante et facile, sait se passer de la manivelle de la sensation. Ses idées moins distraites en sont plus régulières, et c'est toujours lui qui est la lumière de tout ce qui l'approche.

Toutes les idées de distance, c'est l'imagination qui les ajoute aux sensations réelles qui, sans l'idée de distance, n'auroient quelquefois aucun sens pour nous. Dans une promenade solitaire, j'entendis tout-à-coup un bruit dans mon oreille qui me fit craindre l'approche de la surdité. J'en étois tristement occupé lorsque je vins à distinguer, que ce bruit, que je croyois être dans mon oreille, n'étoit autre chose que deux chiens qui s'entr'aboyoient à une assez grande distance l'un de l'autre et de moi. Dès ce moment ce bruit devint si distinct, que je pouvois en apprécier les distances et reconnoître tous les sons qui le composoient. L'imagination fit trois choses : premièrement elle me présenta l'image des deux chiens, secondement elle rendit les sons de leur aboiement très-distincts par l'idée des distances ; enfin elle plaça hors de moi l'objet de la sensation, que j'avois d'abord jugé être dans mon oreille. L'usage du sens de la vue est un art qu'il faut apprendre, et qui pour l'homme formé à qui on rend la vue, devient très-difficile.

On conçoit que l'âme vivement émue, voit ce que la sensation ne lui montre pas, ce qui arrive chaque fois que la portion que l'imagination ajoute à la sensation, n'est pas le complément réel de la sensation. De là, tant de faux jugemens que l'on attribue à l'imagination, tous vrais pour la personne qui les forme, mais faux pour celles qui ne voient que la réalité. De là l'illusion des passions, nées de la facilité avec laquelle les idées, en rapports avec le sentiment dominant, se trouvent excitées, et ajoutées à la réalité des sensations.

Fin de la première partie.

RECHERCHES
SUR
LES LOIS ET LA NATURE
DE L'IMAGINATION.

SECONDE PARTIE.

ANALISE DE L'IMAGINATION.

AVANT-PROPOS.

JE viens d'exposer les *lois de l'imagination*, et de développer les phénomènes les plus saillans de cette faculté.

Ces faits posés, je vais tenter de les expliquer, en donnant l'analise de l'imagination.

Cette analise suppose : 1.° le développement de l'idée de sentiment ; 2.° la connoissance intime de ce qu'on doit entendre par *idée*, en opposition avec ce qu'on entend par sentiment ; 3.° elle suppose de plus la connoissance des lois de la réaction des idées, qui se fait sur le sentiment, ou sur les organes.

Cette seconde partie sera donc divisée en trois sections.

Dans la première, on développera ce qu'on doit entendre par le mot *sentiment*.

Dans la seconde, on fera comprendre la grande différence qu'il y a entre *idée* et *sentiment*. Cette différence marquera les limites qui se trouvent entre la faculté de sentir, et celle de connoître.

Dans la troisième partie, on fera voir *l'influence réciproque* du sentiment sur les idées, et des idées sur le sentiment, ou sur les organes. Ces développemens ameneront la connoissance des passions, et jetteront quelque jour sur la nature, si peu connue et si importante, du bonheur.

SECTION PREMIÈRE.

DU SENTIMENT.

CHAPITRE PREMIER.

Ce qu'il faut entendre par sentiment moteur.

§ 1. *Le sentiment diffère de l'idée.* § 2. *Les idées sans un sentiment moteur sont sans mouvement.* § 3. *Ce qu'il faut entendre par sentiment moteur.*

Le mot *sentiment* (1) est un des mots le plus fréquemment employés dans toutes les langues, et peut-être un de ceux qui sont le moins compris.

---

(1) Le mot *sentiment* a deux acceptions qu'il importe de distinguer. Le plaisir ou la douleur liée avec quelqu'objet s'appelle un *sentiment*; on dit avoir un sentiment de haine, d'amour, de pitié, etc. Quelquefois il est pris pour une simple sensation de plaisir ou de douleur, comme lorsqu'on dit, un sentiment de dégoût, de fatigue, etc.

Le *sentiment* est différent de *l'idée* ; il paroît le produit de la faculté de *sentir*, tandis que l'*idée* semble naître de la faculté de penser et de *connoître* ; mais, en y regardant de près, nous trouvons qu'il y a toujours quelqu'idée, quelqu'*objet attaché au sentiment,* et que, d'un autre côté, toute idée pouvant être agréable ou pénible, semble par là tenir encore à la sensibilité. Ces deux choses paroissent donc avoir des rapports intimes, dont les développemens sont de la plus grande importance dans la théorie de l'imagination, et par conséquent dans l'usage même de la vie, qui ne va guères que par les lois de cette faculté.

§ 2. Pour bien saisir ce que l'on doit entendre par sentiment, prenons les phénomènes les plus saillans, *les passions*. Ne voyons-nous pas toutes les passions avoir *pour premier mobile un sentiment?* Toutes les *contemplations* du monde sauroient-elles, sans le sentiment, produire les effets de la colère, de l'amitié, de la joie, etc. ?

Descendons de ces grands phénomènes de la sensibilité aux effets moins prononcés, et nous verrons dans tout l'empire de l'imagination, partout un sentiment donner l'initiative (1), la forme ᴅe mouvement à une série d'idées.

§ 3. J'ai dit que, dans tous les mouvemens de l'imagination, il y avoit un sentiment que j'ai appelé *moteur* (2). En observant de plus près ce sentiment, j'y distingue toujours deux élémens : premièrement *une idée dirigeante*, et secondement un *sentiment moteur* de l'idée dirigeante, et par elle d'une série d'idées. En effet, il est aussi inhérent

---

(1) A la rigueur, l'idée dirigeante ne fait pas partie du sentiment moteur. Mais avant d'avoir poussé l'analise plus loin, je me contente de prendre le phénomène dans sa plus grande composition, et de parler le langage populaire. Or, un sentiment suppose toujours un objet, une idée liée avec ce sentiment.

(2) Je ne parle point ici des sentimens moraux, mais des sensations physiques qui ne sont guères connues que par les noms de *plaisir* et de *douleur*.

On verra dans la suite que les sensations de plaisir ou de douleur ne sont apercevables que *par les idées excitées par elles* et intimement associées avec elles ; ou bien par les *effets* qu'elles ont produits : on remarque la haine ou l'amour par ce qui a été *fait* ou *dit*, plutôt que par ce qui a été *senti*.

Je ferai voir qu'il est de la nature du *sentiment* d'être *senti* plutôt que connu, et qu'il est de la nature de *l'idée* d'être *connue* plutôt que *sentie*.

Si l'on daigne me lire, je supplie de ne me juger qu'après m'avoir lu. Il y a mille choses qui ne sont vraies que *relativement* : or, les rapports ne peuvent se développer que l'un après l'autre. La pierre de touche des vérités psychologiques c'est nous-mêmes ; et ce n'est qu'en les maniant et remaniant que l'on sent si elles sont vraies.

à tout sentiment d'avoir un *objet* mu et une *force* pour émouvoir cet objet, qu'il est nécessaire au mouvement d'avoir un corps à mouvoir dans une certaine direction, avec un certain degré de vîtesse. Je suis ému de colère ou d'amour: n'ai-je pas nécessairement un *sentiment* qui me pousse, et un *objet* qui dirige les mouvemens que j'éprouve ? J'aperçois une personne : je crois un moment que c'est mon ennemi ; non, c'est la personne que j'aime. Dans les deux cas, le sentiment moteur a suivi des routes opposées, et conduit à des séries d'*idées* différentes, selon la nature du sentiment et selon l'*objet* qui lui a servi de guide.

Pour avoir une idée claire d'un sentiment moteur des idées, jetons un coup-d'œil sur la psychologie ; nous y verrons des vuides immenses qu'il faut tâcher de remplir.

CHAPITRE II.

Le sentiment est la sensation d'un sens particulier.

§ 1. *Les cinq sens appartiennent à la faculté de connoître.* § 2. *Il y a un sixième sens qui est celui de la sensibilité.* § 3. *Ce qu'il faut entendre par* sens. § 4. *Le plaisir et la douleur sont les sensations du sixième sens.*

§ 1. JE distingue deux classes de sensations, en observant que jusqu'ici on ne s'est occupé que d'une seule des deux.

Les psychologistes se sont exclusivement occupé des sensations *des cinq sens*, qui ne sont destinées à nous donner *connoissance* que des objets *extérieurs*, et à devenir la matière du travail de la faculté de *connoître*. La raison de la préférence donnée à ces sensations, c'est que l'esprit replié sur lui-même n'est d'abord frappé que de leur éclat, que *le langage a mis en évidence* plus que les sensations de plaisir ou de douleur, que tous les psychologistes n'ont considérées que comme des modifications des sensations des cinq sens.

Il faut ajouter aux cinq sens, dont on s'est occupé exclusivement, un sixième sens, le plus important, et peut-être le plus composé de tous, qui est *celui qui sert à exprimer à l'âme les besoins des organes.* Ce sixième sens est celui de la *sensibilité.*

Les cinq sens ont pour objet de donner connoissance à l'homme de ce qui *est au dehors de lui.* Il falloit un sixième sens pour l'instruire de ce qui se passe *dans ses organes.*

§ 3. J'apelle *sens* tout organe capable de produire des modifications dans l'âme, et j'observe, que l'âme ne peut éprouver aucune action extérieure, que par le moyen de ces organes, qui, placés entre la matière et l'esprit, mettent l'âme en rapport avec les objets appropriés à ces sens.

Les modifications de l'âme appelées *sensations*, je les considère comme des *effets*, dont la *cause immédiate* réside dans *l'organe* de la sensation. Mais, comme je ne puis concevoir d'action physique que par le mouvement, j'attribue le *mouvement* des organes à des causes motrices, extérieures à l'organe. L'action des rayons de lumière sur l'œil est cause de la sensation de lumière qui en résulte.

§ 4. L'âme est semblablement avertie des modifications de son corps , par ce qu'on appelle *sensation de plaisir ou de douleur.* Ces sensations supposent nécessairement un *sens propre à les faire naître,* puisque, sans des organes *intermédiaires* entre les deux substances de l'âme et du corps, il n'y auroit pas de sensation. Sous ce rapport, le corps humain est aussi extérieur au sens qui le représente , que le paysage est extérieur à l'œil qui l'aperçoit ; l'un et l'autre n'étant sentis que *par l'organe* de leur sensation.

CHAPITRE III.

Du sixième Sens.

§ 1. *Il produit deux classes de sensations.* § 2. *L'objet particulier du sixième sens est, comme celui des cinq sens, placé en dehors du sens.* § 3. *L'action du sixième sens n'est jamais entièrement suspendue.* § 4. *Le sixième sens transmet à l'âme l'état des organes.*

§ 1. Ce sixième sens, que j'appellerai indifféremment sensibilité, ou sens de l'organisation, puisqu'il instruit l'âme de l'état des organes, pour autant qu'elle en doit savoir; ce sens est celui qui donne les sensations connues sous le nom de *plaisir* et de *douleur*.

Il a produit deux classes de sensations, placées dans les régions les plus obscures de l'âme, c'est-à-dire, les plus éloignées de la faculté de connoître (1). Ces deux classes, distinguées seulement par le nom générique

---

(1) Par *éloigné de la faculté de connoître*, j'entends l'opposition du mouvement de la sensibilité d'avec celui de la réflexion, qui fait que lorsqu'on sent on ne réfléchit pas.

de *plaisir* ou de *douleur*, n'ont presque aucune dénomination individuelle, et cependant qui ne sent, en rentrant dans soi-même, que chaque plaisir et chaque douleur a son caractère propre, presque toujours inaperçu par la réflexion, souvent hors de la portée d'une connoissance distincte ?

§ 2. L'objet des cinq sens est connu; il est toujours placé *hors de l'homme*, et quoique l'objet du sixième sens, qui est toujours un organe affecté par quelque besoin, lui paroisse moins étranger, il est en réalité aussi extérieur *à l'âme*, que les sons ou les couleurs. Ce sixième sens réside comme tous les sens dans les nerfs, mais nous ignorons aussi profondément comment un objet extérieur à ce sens, peut agir sur lui de manière à produire dans l'âme une sensation de plaisir ou de douleur, que nous ignorons comment un rayon de lumière peut occasionner la sensation d'une couleur.

§ 3. Le sixième sens a cela de particulier, que son objet est dans une activité perpétuelle, et qu'il y a une action et une réaction non interrompue du sens de la vie sur l'âme, et de l'âme sur le sens de la vie, tandis que l'action des autres sens est souvent suspendue.

Nous sommes toujours affectés par quelque sentiment, mais nous ne *voyons*, nous n'*entendons* pas toujours, et nous n'avons pas sans cesse quelque saveur ou quelque odeur présente à l'âme.

§ 4. Les sens supposent des *rapports préétablis* entre les *objets* extérieurs, capables d'agir sur eux, et les *organes*. La vision suppose des rapports entre l'œil et la lumière, mais ces rapports entre les *organes des sens et leurs objets* seroient insuffisans s'il n'y avoit pas aussi des rapports correspondans *entre ces mêmes organes et l'âme*.

Toute sensation quelconque suppose donc des rapports *préformés* entre l'âme et l'organe de la sensation, et des rapports entre cet organe et les objets capables de produire la sensation. Il y a donc dans les organes des sens un assemblage de rapports, destiné à produire dans l'âme toutes les sensations possibles, et dans l'âme un assemblage de rapports correspondans, qui la rend capable d'éprouver toutes ces sensations.

CHAPITRE IV.

Continuation.

§ 1. *Nous ne connoissons guères les sentimens que par leurs signes naturels, qui sont les idées.* § 2. *La sensibilité a tous les caractères d'un sens.* § 3. *Le sens de la sensibilité ne nous instruit que des apparences.* § 4. *Il est la source la plus abondante du rappel des idées.*

§ 1. Nous distinguons les passions par leurs *effets*, surtout par les *idées* qu'elles mettent en mouvement ; nous les *voyons agir ;* nous *entendons* leur langage, mais nous ne voyons pas le sentiment même, qui les met en mouvement ; et notre propre sentiment, nous ne le connoissons guères que par la livrée des pensées qui lui appartiennent, c'est-à-dire, par les idées, les actions, et le langage qu'il produit au dehors de lui : lui-même demeure invisible à nos regards. L'étude approfondie de tout ce qui tient au sentiment, réunie à l'étude de l'imagination, fera faire de grands pas à la psychologie, et par elle à la connoissance intime de l'homme.

§ 2. Nous l'avons dit : l'âme ne peut en aucune manière être en communication avec la matière que *par le moyen des sens*. La sensibilité n'est comme tous les autres qu'un instrument, un intermédiaire entre l'âme et une certaine classe de corps. Comme nous voyons les sons appartenir à l'ouïe, et les couleurs au sens de la vue, nous voyons le sixième sens avoir ses objets particuliers d'activité : ces objets ce sont les *besoins* de nos organes. Quoique les organes fassent partie de l'automate, ils ne laissent pas d'être extérieurs à l'âme, qui ne peut avoir la sensation de leurs besoins, que par une structure de l'organe propre à produire cette sensation, et que pour cela j'appelle *un sens*. Ce sens trouve donc comme tous les sens des rapports dans l'âme correspondans à tous ses mouvemens, et des rapports dans l'organe, capables de transmettre à l'âme l'impression d'une certaine action extérieure : il a donc ses souvenirs et ses associations d'idée. Ses impressions une fois arrivées à l'âme, sont, pour ainsi dire, admises dans la grande société des idées, quoiqu'avec des modifications très-particulières qu'on expliquera dans la suite.

§ 3. *Le sixième sens* ne nous donne pas mieux la connoissance *réelle* des objets qui agissent sur lui, que le sens de la vue ne nous instruit de la réalité de l'objet que nous voyons. Il nous donne aussi peu la connoissance de lui-même; car toute sensation n'étant que l'âme même, modifiée en sensation, ce n'est jamais qu'elle-même qu'elle peut apercevoir.

§ 4. Nous avons dit : que l'âme ne pouvoit rappeler ses idées, puisqu'elle ne pouvoit *vouloir* une idée qui n'existoit pas pour elle. Il faut donc chercher ailleurs que dans la volonté la cause du rappel des idées. Nous la trouverons dans la sensibilité, et comme ce sens, qui nous transmet l'action des organes, est durant la vie dans un mouvement non interrompu, c'est dans ce sixième sens que nous trouverons la source du réveil des idées.

Les *idées*, une fois éveillées par la sensibilité, l'âme peut les employer ; *l'attention* peut leur donner une intensité, un développement, qui les rend dominantes dans la série de leurs associées ; mais la volonté même ne peut réveiller aucune idée, puisque la volonté ne peut agir sur ce qui n'existe pas pour elle.

CHAPITRE V.

Du sentiment associé avec les idées.

§ 1. *On ne doit pas expliquer les idées par le mouvement, mais observer leur correspondance avec le mouvement des organes.* § 2. *Toute sensation suppose un sens.* § 3. *Les sensations de plaisir et de douleur sont distinctes des sensations des cinq sens.* § 4. *Les sensations de plaisir et de douleur se séparent de la sensation associée.* § 5. *Comment il arrive que les sensations des cinq sens sont presque toujours associées avec quelque sentiment de plaisir ou de douleur.* § 6. *L'inconstance en amour est une désassociation d'idées.*

§. 1. En parlant sans cesse d'organes, de mouvemens et d'idées, il faut ne pas confondre ces choses, et ne pas perdre de vue que toutes les *idées*, toutes les *sensations* ne sont jamais que dans l'âme, et tous les mouvemens, tous les organes hors de l'âme. Jamais la science de l'homme ne fera de progrès, tant qu'on ne séparera pas ces deux grandes classes des phénomènes spirituels et
matériels,

matériels, dont la distinction fait la partie la plus essentielle de la connoissance de l'homme.

§ 2. Si les corps ne peuvent agir sur l'âme que par le moyen des sens, il faut donc un sens particulier pour transmettre à l'âme les sensations de plaisir ou de douleur. Mais, dira-t-on, le plaisir ou la douleur physique ne sont que des *modifications* des sensations appelées agréables ou désagréables. Je vais hasarder une opinion de la plus haute importance dans la théorie de l'homme, opinion qui me paroît avoir une grande probabilité; c'est que les sensations des cinq sens ne sont agréables ou désagréables que par *leur association intime avec le sixième sens,* destiné à produire, à lui seul, les sensations de plaisir ou de douleur.

Il ne faut pas oublier que je ne parle ici que des *sensations,* et que je laisse de côté les sources morales et spirituelles de peine ou de plaisir, placées dans l'harmonie et dans l'intelligence.

§ 3. Je commence par observer, que je puis *distinguer* une odeur, une couleur, une saveur de la sensation de plaisir que me donne cette saveur, cette odeur ou cette

I

couleur. Si la distinction que j'en fais n'est pas toujours très-saillante, c'est que l'esprit étant plus accoutumé à *sentir* le plaisir ou la douleur, qu'à le *connoître*, les sensations de plaisir et de peine sont restées sans nom propre et sans caractère distinctif, tandis que les autres sensations ont conservé un grand éclat dans l'esprit. On a bien raison de dire qu'il ne faut pas disputer des goûts; c'est que, pour disserter sur les goûts, il faudroit avoir un langage qui sût en exprimer les différences, et ce langage nous manque encore.

§ 4. Il y a plus : *les goûts peuvent changer, et la sensation rester la même.* Le *plaisir* que donne telle couleur à un enfant, peut ne plus exister pour l'homme fait; et néanmoins, dans les deux cas, la sensation de la couleur est restée la même. Il en est ainsi du toucher et de l'odorat, que l'homme froid ou l'homme épris d'amour peuvent sentir si diversement. Et les sensations du sens du goût ne changent-elles pas avec chaque nuance de santé? Je ne parle pas des sons, parce que le plaisir des sons isolés est peu remarqué, et que celui des sons multiples tient toujours au plaisir de l'harmonie, dont il faut chercher la source, non dans les sens, mais dans l'âme même. Si le plaisir et la douleur faisoient partie de toutes ces sensations, comment pourroient-ils en être séparés, et comment se feroit-il que des sensations si diversement senties, que celles d'une couleur et d'un plaisir, n'eussent pas des organes divers ? N'est-ce pas contredire la grande loi de la correspondance des phénomènes physiques et spirituels, que de supposer que *le même mouvement* dans les organes puisse produire des sensations si différentes ; ou que des sensations d'un genre aussi différent qu'un plaisir est différent d'une couleur, fussent le résultat de mouvemens *semblables* ou *identiques* ?

Je ne puis admettre le principe qui fait dépendre le plaisir ou la douleur *de l'intensité* de l'action de l'organe. Le chatouillement n'est pas un coup léger, non plus, que le coup léger est un coup fort ; ces sensations ne sont pas différentes d'intensité seulement, mais elles sont réellement *d'espèces différentes*. L'action renforcée met en mouvement des organes, ou des parties d'organes, que l'action foible ne peut atteindre. Le sentiment du coup fort n'est pas la sensation renforcée du coup foible, mais c'est réellement une autre sensation.

§ 5. Voici comment je conçois l'union intime du sentiment de plaisir et de douleur avec telle ou telle sensation. Les organes des cinq sens font partie du système nerveux ; ils ne sont que cinq points saillans *de l'organe de la sensibilité,* destiné à transmettre à l'âme ce qu'elle est destinée à savoir de l'état de ses organes. Le sens de l'odorat, par exemple, en donnant la sensation appropriée à l'organe de l'odorat, peut en même temps mettre en mouvement une portion de l'*organe de la sensibilité,* et y exciter une sensation de plaisir ou de douleur, suivant la disposition de cet organe, que je suppose, pour ainsi dire, envelopper celui de l'odorat. Il en peut résulter une sensation *mixte,* que l'âme n'éprouve que comme une sensation *simple,* parce qu'elle *n'en distingue pas les parties,* et, si elle en distingue les parties, elle appellera la sensation la plus foible une *modification* de la sensation moins foible, et l'exprimera *par l'adjectif d'agréable ou de désagréable.*

Je ne saurois assez le répéter. Quand je parle de plaisir ou de douleur, je ne parle que des sensations physiques, et non des plaisirs moraux, qui ont des sources bien différentes de celles des plaisirs physiques. En effet, qui ne sent qu'en parlant du plaisir qu'on éprouve au récit d'une belle action, on a un plaisir d'une espèce bien différente de celui qu'excite l'odeur d'une fleur?

§ 6. La Rochefoucault a dit : « Dans les » premières affaires les femmes aiment l'amant; » dans les autres l'amour. » La raison en est, que dans le premier amour, l'idée du plaisir est tellement associée avec la personne qu'on aime, que l'on ne conçoit pas la possibilité d'en aimer une autre. D'ailleurs le sentiment délicieux d'un amour pur, excitant à la fois toute la puissance de l'imagination, la passion spiritualisée prend toutes les formes de cette faculté, et le sentiment du beau prête à l'amour un charme dont aucune autre passion n'est susceptible.

Je connois une personne qui, agitée d'un violent amour, au lieu d'aimer en songe l'objet *réel* de sa passion, s'avisa d'aimer un oiseau. Le souvenir de ce rêve lui parut si agréable et si piquant, qu'elle en a fait un conte. J'ai toujours observé qu'un des premiers effets du sommeil est de désassocier les idées. L'histoire que je viens de faire, prouve cette désassociation. Le sentiment de la passion étoit là, mais lié par le sommeil à une autre image.

CHAPITRE VI.

Rapport des cinq sens avec le sixième sens.

§ 1. *Illusion du sixième sens.* § 2. *Ses rapports avec le toucher.* § 3. *Le mouvement que la sensibilité donne aux idées est arrêté par l'attention.* § 4. *L'intelligence s'occupe de préférence des idées des cinq sens.* § 5. *La faculté de connoître est concentrée dans les cinq sens, la faculté de sentir l'est dans le sixième.* § 6. *Différence entre l'imagination et l'intelligence.*

§ 1. L'ORGANE de la sensibilité produit des illusions comme tous les autres sens : je dis que *le doigt me fait mal,* comme je dis *que la pierre est dure,* quoique la douleur du doigt ne soit pas plus dans le doigt que la dureté n'est dans la pierre, puisque je puis avoir les deux bras coupés, et avoir mal à tel doigt que je n'ai plus.

§ 2. Le sens de l'organisation a des rapports prochains avec le sens du toucher. Il y a cependant cette grande différence, que le sens du toucher m'avertit des objets *extérieurs*, tandis que le sens de la sensibilité m'avertit de ce qui se passe *dans moi*. Je touche une pierre, et je dis: *elle est dure;* je la frappe fortement, je dis: *j'ai mal à la main* (1). On ne prend pas garde que la main est aussi étrangère à l'âme que la pierre même; mais dans le premier cas le toucher me donne l'idée de ce qui est hors de moi; dans le second la sensibilité m'instruit de ce qui se passe *dans mes organes.*

Le sens universel de la sensibilité, intimement lié aux cinq sens, ajoute à chaque sensation des cinq sens quelque sensation de son espèce, qui, mêlée avec ces sensations,

---

(1) Je *vois* la lumière, j'en ai la sensation, mais, si je fixe le soleil, j'ai aussitôt *mal aux yeux;* la sensation de la lumière est offusquée par une sensation plus forte, qui n'est plus celle de la lumière; une saveur trop forte peut être changée en douleur, parce que la sensation associée de la douleur a fait disparoître celle de la saveur. Il en est de même des organes de tous les cinq sens; tous font partie du sens universel de la vie, de ce sens uniquement destinés à nous donner les sensations de plaisir et de douleur; tous peuvent nous donner des sensations capables d'être associées avec celles du sixième sens.

les rend agréables ou désagréables. La sensation de plaisir ou de douleur peut en être séparée dans la suite sans altérer la sensation même (1). C'est à l'*attention* à distinguer ce qui appartient aux cinq sens, destinés à nous donner les matériaux de nos connoissances, de ce que l'organe de la sensibilité y ajoute. Le travail *de la séparation du sentiment d'avec la pensée* est une des premières opérations de l'intelligence, et le premier *résultat de l'attention*. Une des raisons pourquoi la réflexion calme les passions, c'est que la réflexion sert à désassocier l'objet de la pensée du sentiment de peine ou de plaisir qu'elle y trouve attaché. De là vient que les enfans, et toutes les personnes à imagination vive, toujours dominées par la sensibilité, trouvent tant de peine à *fixer leur pensée*, c'est-à-dire à la détacher du mouvement de la sensibilité.

§ 4. Il est de la nature de la faculté de connoître, de s'attacher de préférence aux cinq sens, éminemment destinés à nous donner *connoissance* de ce qui se passe *hors de nous*. Il en résulte que dans nos recherches, dans

---

(1) Je puis cesser de trouver une odeur agréable, et néanmoins continuer à distinguer cette odeur de toute autre.

nos réflexions, et bien plus dans nos méditations, nous pouvons bien avoir éprouvé le sentiment moteur, mais nous n'en faisons que rarement l'*objet* de notre attention, puisque l'attention même fait disparoître le sentiment. C'est toujours l'*objet* même, et non le mouvement de sensibilité, que l'attention aperçoit, et ce n'est qu'avec un redoublement d'effort, et une longue habitude de s'observer soi-même, que l'on commence à se familiariser avec ce que l'on ne fait que *sentir*, et à discerner *le sentiment moteur de l'idée* qu'il a fait naître dans l'imagination.

§ 5. Il est d'ailleurs, je ne crains pas de me répéter, il est de la nature de la faculté de sentir, de se concentrer *dans le sentiment*, et non dans l'objet de ce sentiment, tandis qu'il est de la nature de l'intelligence de se concentrer *dans l'idée même plutôt que dans le sentiment moteur de cette idée.* Voilà pourquoi il est si difficile *de connoître ce que nous sentons*, préférablement à ce que nous *voyons* et *pensons*. Le langage que nous employons à dire, que nous avons *fortement senti*, exprime toujours l'absence de la réflexion. *Etre enivré de joie, être dans le délire,* et mille autres expressions prouvent que le sentiment vif exclut toujours la connoissance, tout comme la réflexion exclut à son tour le sentiment. En effet, le mouvement de l'intelligence et le mouvement de l'imagination sont si opposés, que ces deux facultés ne peuvent pour ainsi dire que se deviner l'une l'autre, et qu'elles semblent s'exclure mutuellement. Parlez raison à l'homme fortement ému, et voyez combien il sera *choqué* de votre sang-froid, tandis que vous-même vous serez *choqué* par la violence de ses mouvemens, et la déraison de ses idées.

§ 6. L'imagination a son mouvement dans la sensibilité, l'intelligence l'a dans les idées : l'imagination exprime les rapports qui existent entre la sensibilité et les idées des cinq sens. L'intelligence au contraire exprime les rapports qui existent entre les idées mêmes.

Le mouvement de la peur est dans le *sentiment* de la peur, c'est par ce sentiment que les *idées* sont excitées d'après les lois de l'imagination. Mais quand je dis que les rayons d'un même cercle sont égaux, je ne fais que *développer les rapports contenus dans l'idée du cercle*. Dans l'imagination, l'action est *en dehors des idées*, dans l'intelligence, elle est *dans les idées mêmes;* l'une est la nuée formée et agitée par le vent, l'autre le bouton qui grossit, s'étend et développe ses fruits et son feuillage.

CHAPITRE VII.

Continuation.

§ 1. *Le sixième sens a, comme les cinq sens, des objets propres à le mettre en mouvement.* § 2. *Il a sa mémoire.* § 3. *Ce qui distingue particulièrement le sixième sens, c'est le mouvement qu'il imprime aux idées.* § 4. *Il est le moteur des actions humaines.* § 5. *En excitant les idées, il éveille la volonté sans la déterminer.* § 6. *La sensibilité peut agir sans les idées, et produire des mouvemens involontaires.* § 7. *Un sentiment simple de plaisir ou de douleur, peut être le résultat d'un mouvement très-composé.* § 8. *Il est de la nature des sentimens de s'associer intimement avec les idées.* § 9. *Le langage est cause que nous regardons le plaisir ou la douleur comme des modifications des idées.*

§ 1. Quand je parle du sixième sens je me représente un sens à la manière des autres sens, construit comme les autres sens pour une certaine classe d'objets, et fait de manière à transmettre de ces objets ce que l'âme doit en savoir. Comme la *vue* est destinée à nous faire connoître les *objets visibles*, et tous les cinq sens à nous instruire de *ce qui est hors de nous*, le sixième sens est semblablement destiné à donner connoissance à l'âme *de ce qu'elle doit savoir de l'état de ses organes*. Cette connoissance s'opère par le moyen de sensations *propres à ce sens*, que nous distinguons par les noms génériques de *plaisir* et de *douleur*.

§ 2. Le sixième sens a, comme tous les autres, sa mémoire (1). En effet, on se rappelle ce qu'on a senti; on peut se replacer au temps où l'on aimoit telle personne; on peut même éprouver une reminiscence de sentiment; mais la sensibilité, placée dans le foyer de l'organisation, agitée sans cesse par le mouvement et le tumulte des organes, est plus sujette à perdre ses souvenirs que

---

(1) On verra dans la suite mes doutes sur l'existence d'une mémoire de sensibilité. Dans un ouvrage de philosophie, il faut moins s'attacher à soumettre ses observations à ses principes, que ses principes aux faits observés. Je dis ce que je vois, et ce que je crois lire dans mon âme; je me fais surtout un devoir de ne pas taire mes doutes. La bonne philosophie n'est pas celle qui prescrit des idées, mais celle qui fait naître des idées.

les cinq sens dont l'action, souvent suspendue, se trouve pour ainsi dire placée aux extrémités paisibles de l'organisation.

§ 3. Il y a une autre propriété attachée à la sensibilité, celle de porter avec elle *un principe de mouvement* propre à mettre en action quelque organe moteur des autres organes. Nous voilà arrivés au principe moteur des actions humaines.

§ 4. J'appelle ici *action* le mouvement de quelqu'organe soumis à la volonté, et j'observe *que la volonté ne peut agir que par les idées*, puisqu'il est de sa nature de n'agir que d'après ses *préférences*; ce qui suppose un *choix* et par conséquent la *présence* et la *comparaison de quelques idées*. Ainsi tous les mouvemens de la sensibilité, qui n'excitent aucune idée dans l'âme, agissent sans choix et machinalement, et sont par là même hors de la portée de la volonté de l'homme. Ces mouvemens on les appelle involontaires.

§ 5. Le premier mouvement de la volonté, lorsque l'âme est avertie par l'éveil d'une idée, s'appelle *velléïté;* elle contient en soi un penchant, une disposition à une action; mais cette velléïté peut être contenue et arrêtée par la *réflexion*, dont l'effet est toujours *de contenir ou de tempérer le mouvement de la sensibilité motrice.*

§ 6. Si l'âme n'est avertie par aucune idée, le mouvement de la sensibilité continue son action sur les organes, et achève le jeu de l'organisation d'après la loi de l'organe. Il est possible que l'âme de l'enfant ait un sentiment sourd des premiers mouvemens de la vie ; mais ce sentiment n'étant suivi d'aucune idée ni d'aucun mouvement de la volonté, se trouve bientôt éteint par l'habitude.

C'est à la sensibilité qu'il faut attribuer les mouvemens *demi-volontaires,* comme la respiration, le clignement des paupières, etc., et tous les mouvemens de l'habitude, comme de marcher, et mille actions dont nous n'avons pas la conscience. Et il falloit bien que la nature prît sur elle le soin de nous conserver : si l'homme tout entier eût été livré à toute volonté, il eût péri mille fois. Ne semble-t-il pas que l'espèce d'infini, dont la liberté dispose, et dont l'étendue est si disproportionnée avec cette vie, soit le gage d'une destinée future aussi illimitée que la liberté même ?

§ 7. En rangeant le sentiment dans la

classe des sensations, je conçois qu'une sensation simple de plaisir ou de douleur peut être le résultat de mouvemens très-composés, ce qui est aussi le cas des sensations qui nous arrivent par les autres sens. En effet, un son est le résultat d'un grand nombre de vibrations ; la sensation d'une couleur est l'effet d'un grand nombre de rayons de lumière ; un sentiment de plaisir ou de douleur peut de même être le résultat unique de l'action très-composée de plusieurs organes.

§ 8. Mais il est de la nature des sensations de plaisir ou de douleur de s'associer (1) toujours avec quelque idée, de manière à ne faire avec elle qu'*une* sensation mixte. Nous trouvons l'*odeur* de la rose *agréable*, et nous lions cette odeur avec le plaisir qu'elle nous donne. L'expérience nous apprend dans la suite à les distinguer, puisque nous pouvons éprouver la *même odeur* et n'y trouver plus aucun *plaisir*. Nous pouvons encore parvenir à les distinguer par la réflexion.

---

(1) Cette association se fait sans doute par la sensation même, qui ne peut arriver à l'âme *qu'à travers* quelque portion du sixième sens, qui vient associer une sensation de plaisir ou de douleur avec la sensation d'un des cinq sens.

§ 9. Les sensations du sixième sens, destinées à nous instruire de l'état de nos organes, sont restées dans l'obscurité plus que les sensations des cinq sens, destinées à nous donner connoissance de ce qui se passe au dehors de nous. La raison en est dans le langage, qui n'a presque que deux mots pour exprimer les infinies nuances de *douleur* et de *plaisir* qui composent le bonheur ou le malheur de l'homme. Pourquoi le dictionnaire de nos sensations les plus intimes est-il si pauvre ? En voici la raison.

L'homme peut *montrer* au dehors de lui l'objet de la sensation *extérieure*, il peut montrer au doigt l'arc-en-ciel avec ses brillantes couleurs ; il peut faire voir l'oiseau qui chante ; je puis vous présenter la fleur dont l'odeur me charme, et le mets dont le goût me plaît, ou le corps dont le toucher m'est agréable. Mais je ne puis pas de même vous *montrer le sentiment* de douleur ou de plaisir placé dans mon âme, ou dans des organes, qui le plus souvent me sont inconnus. Qui ne sait combien on est peu entendu des autres, lorsqu'on parle des peines ou des plaisirs qu'on éprouve ?

Dépouillez les idées de tous les mots, non-seulement

seulement elles sont nulles pour les autres, bientôt elles le seront pour vous-mêmes. C'est là le cas de nos sentimens, que nous ne pouvons montrer que par les *idées*, qui ne sont jamais que leurs *signes*. Plus nous approfondissons la nature de l'homme et plus nous entrevoyons de choses non développées. Qui sait si nos sentimens foiblement aperçus dans cette vie, ne seront pas comme nos idées susceptibles un jour de quelque développement (1)?

―――――――――――

(1) Je sens combien cette idée est hasardée; mais il me semble que tous les points de vue qui tendent à agrandir notre être doivent être indiqués.

Il y a certainement des rapports préexistans *entre les sens et l'âme*, comme il y en a entre les sens et les objets. L'on peut donc supposer dans l'âme un *ensemble de rapports*, une espèce d'organe spirituel en harmonie avec l'organisation matérielle.

La mémoire des idées et des sentimens tient, chez l'homme, à celle des organes; mais, en supposant l'âme rendue indépendante des organes matériels, on peut concevoir que la mémoire spirituelle, délivrée des liens qui la tenoient assujétie à l'automate, peut retracer à l'âme tout ce qu'elle avoit senti et pensé, et la mettre en état de donner *à toutes ses idées* le développement que nous lui voyons donner à un petit nombre d'entr'elles.

K

CHAPITRE VIII.

Des effets du mouvement de sensibilité communiqué aux idées.

§ 1. *Chaque idée a son mouvement associé.*
§ 2. *Le résultat de tous ces mouvemens dépend de l'opposition ou de la concordance entre tous les mouvemens partiels.* § 3. *Le mouvement de l'intelligence est un autre principe des actions humaines.* § 4. *Pourquoi le mouvement de l'âme le plus violent a le nom de passion.* § 5. *La séparation des idées d'avec leurs sentimens moteurs est déjà un commencement de raison.*

§ 1. Ces principes une fois admis, on conçoit que chaque *idée*, chaque représentation d'un objet extérieur, est liée avec quelque sentiment de peine ou de plaisir. Ces sentimens portent avec eux un principe d'action d'où résulte que chaque idée se trouve douée d'une tendance plus ou moins forte à agir dans le sens de cette tendance.

§ 2. De là naissent des combinaisons infiniment variées, selon la marche, le mouvement et la combinaison des sentimens moteurs. Lorsque les idées simultanées se trouvent porter avec elles des tendances *uniformes*, la somme de ces idées, renfermant la somme de toutes ces tendances, se trouve avoir une grande énergie d'action; il se peut au contraire que les tendances des idées *partielles* se détruisant en partie, la tendance de l'idée *totale* soit très-foible. Il peut aussi arriver que les tendances opposées soient en équilibre, et produisent l'inaction du doute, ou le combat de deux passions opposées (1).

§ 3. Tous ces élémens d'activité peuvent se combiner encore avec l'action de l'intelligence, qui *arrêtant* plus ou moins l'activité du sentiment, produit de nouveaux résultats. Le sentiment de l'harmonie est une autre

---

(1) Loin d'étudier l'homme abstrait, il faut au contraire le saisir tout développé, et l'observer avec tous les détails qui le composent.

En supposant que chaque *idée* des cinq sens soit associée avec quelque sentiment de plaisir ou de douleur, on peut supposer chacune de ces idées douée d'une tendance à tel mouvement. Si toutes ces tendances sont uniformes, comme dans les passions, la somme de ces tendances, et par conséquent leur *effet total*, sera très-grande. Si les tendances sont opposées, il sera petit.

Un mot de la personne qu'on aime, ou qu'on hait, suffit pour produire une vive émotion, tandis qu'un mot de la personne indifférente ne nous émeut nullement.

Les personnes très-mobiles, ayant souvent des tendances opposées, sont rarement capables de grandes passions. L'habitude de la réflexion est un autre élément d'équilibre dans l'âme.

force capable de modifier ou de suspendre l'impulsion de la sensibilité, et par conséquent le mouvement des passions, en fixant l'âme de préférence sur les combinaisons harmoniques.

§ 4. Nous voilà arrivés à la naissance des passions. On voit évidemment qu'elles ont leur source dans l'organisation, qui, à chaque sentiment de plaisir ou de douleur, attache un principe d'action sur les organes. Lorsque l'âme est *passive*, ce mouvement des organes s'achève; et voilà pourquoi on a désigné les mouvemens les plus violens, d'un nom qui signifie une absence d'action; parce que la passion suppose toujours l'absence de la raison, c'est-à-dire la non-activité de l'intelligence, et j'ajouterois la non-activité du sentiment du beau et de l'harmonie.

§ 5. Plus une nation se civilise, plus les idées des hommes se développent, se distinguent, se divisent et se séparent, et plus la raison prend d'empire. Pour produire ce commencement de raison il suffit de séparer le sentiment des idées, associées avec lui, et sous ce rapport j'espère que les principes indiqués dans cet ouvrage ne seront pas sans utilité. Qu'on montre aux hommes des points de vue nouveaux, qu'on les arrache aux oiseuses questions de la métaphysique, et l'on aura déjà bien mérité de la science la plus importante, celle de la connoissance de soi-même.

CHAPITRE IX.

Objections contre l'existence du sixième sens.

§ 1. *Objection. Une sensation trop forte peut devenir douloureuse.* § 2. *Réponse. Il faut bien définir ce qu'on entend par sens et sensation.* § 3. *Les sens doivent être distingués par les sensations, et non les sensations par les organes apparens des sens.* § 4. *Dans les organes, un mouvement fort n'est pas le même mouvement qu'un mouvement foible.* § 5. *Chaque sens ne peut donner des sensations que de son espèce.* § 6. *Rien n'arrive dans l'âme que par l'action de quelque sens.* § 7. *Le sens le plus éminent celui de la sensibilité, ne pouvoit être abandonné au hasard.*

§ 1. Avant d'aller plus loin, il faut prévenir quelques objections. Je ne doute pas qu'il n'y en ait beaucoup à faire, que je ne prévois pas. Je ne prétends point les lever toutes; il suffit d'avoir fait naître des questions nouvelles, et présenté des points de vue inaperçus pour avoir quelque mérite dans ces temps, où la science de l'homme ne fait plus que s'égarer dans d'oiseuses questions, et revenir de partout sur les pas de son enfance (1). Si le plaisir et la douleur, me

---

(1) La philosophie de Kant a fait quelques conquêtes, mais le peu d'observations fondamentales, dont elle pourroit se vanter, sont tellement perdues sous le tissu de son *système*; ce tissu opaque étendu entre l'observateur et la nature est tellement épais, que ce qu'on voit le moins dans les livres de cette secte, c'est l'homme même. Chez les Kantiens, le professeur est toujours plus obscur que la nature, ou, s'il donne quelques idées, il prive en même tems de la faculté la plus noble celle de s'observer soi-même. La bonne philosophie n'est pas celle qui prescrit des idées, mais celle qui, en plaçant à la source des idées, fait oublier les hommes mêmes qui l'ont indiquée.

Cette nouvelle philosophie, semblable à la teigne qui se nourrit de l'étoffe dont elle s'enveloppe, ne chemine que sous une nomenclature de mots faits à plaisir, dont le langage est un mystère pour l'homme non initié. A force de se familiariser avec ce langage, on est entraîné à croire aveuglément aux observations qu'il semble consacrer. Avez-vous le courage de tout aprofondir? Vous voilà tellement épuisé par la fatigue d'éclaircir, non vos propres idées, mais les mystères d'autrui, que vous n'avez plus ni essor, ni pensée, et que toute lumière s'éteint pour qui ne s'est pas fait esclave de la doctrine d'autrui.

Si au contraire l'on reste fidèle au langage populaire, les idées demeurant partout en évidence, et ne cheminant plus

dira-t-on, étoient des sensations d'un autre ordre que celles des cinq sens, comment

sous des enveloppes de mots, on peut les suivre partout et vérifier des observations qui, étant faites sur nous-mêmes, sont à la portée de tous les hommes accoutumés à réfléchir. L'homme à système ne forme jamais que des adeptes, tandis que la philosophie populaire peut seule obtenir la sanction de l'expérience, sans laquelle il n'y a pas de vérités utiles. Il y a plus, le jargon de système passera peut-être dans le langage vulgaire pour y répandre des erreurs d'autant plus dangereuses que leur source en est plus cachée.

On oublie que les langues sont le résultat, je dirois presque le dépôt de la pensée, et que chaqu'idée modifie ou tend à modifier quelque chose de cette empreinte de l'âme sur la matière appelée langage. Attenter violemment au langage populaire, c'est attenter au grand trésor de l'expérience nationale que le langage renferme. D'ailleurs on doit réformer le langage par les idées, non les idées par le langage, et se rappeler ce que dit Horace: *cui lecta potenter erit res, nec facundia deseret hunc, nec lucidus ordo*, ce qui revient à dire que ce sont les idées qui forment le style, et enfin la langue même. L'histoire naturelle et surtout la chimie ont réformé, dit-on, leur langage. Je le nie; il y a une grande différence entre nomenclature et langage, entre ce qui ne désigne que les objets extérieurs, et, ce qui exprimant les opérations de l'âme, tient à la sensibilité. J'observerois en passant que le langage a une plus grande influence sur l'homme par les mots qui tiennent aux opérations de l'âme ou aux mouvemens de la sensibilité, que par ceux qui, ne désignant que les objets extérieurs à l'âme, restent toujours étrangers à l'homme.

Il y a une manière de juger un système de philosophie sans en aller fouiller tous les poudreux recoins; c'est d'observer les hommes qui y logent leurs pensées. S'ils sont observateurs, s'ils prennent de l'intérêt à tout; s'ils ont l'esprit juste; s'ils sont habiles aux affaires de la vie; si leurs idées ont acquis de

serois-je *blessé* par une lumière *trop vive,* ou *assourdi* par des *sons trop forts?*

§ 2. Dans le langage de la psychologie, je n'appelle *sens de la vue ou de l'ouïe* que *précisément ce qui donne la sensation* de ces sens. Tout le reste de l'organe n'appartient point à ce sens, pas plus que le reste du système nerveux lié à ce même sens. Sous ce rapport tout l'œil du physiologue n'appartient pas à l'œil du psychologiste, pas plus qu'un nerf n'appartient à un autre nerf, quoique l'un et l'autre fassent partie d'un même tout.

§ 3. Dès qu'on admet le principe pres-

---

la souplesse et de l'énergie, de la grâce et de la fécondité, leur philosophie sera bonne.

Mais s'ils ne sortent de l'école qu'inhabiles aux affaires, vains du mépris même qu'ils ont pour tout ce qui ne pense pas comme eux; si au lieu d'être observateurs ils ne sont que songe-creux; si au lieu d'être clairs ils ne sont que tranchans; s'ils n'arrivent à rien de positif que par un détour; s'ils sont toujours exagérés ou nuls dans leurs idées, à coup sûr leur philosophie ne vaut rien. On ne sauroit assez le dire, la philosophie doit rendre l'homme tolérant, actif, utile à la société, habile aux affaires, propre à servir la patrie lorsqu'on en a; et toute philosophie qui n'a pas cette tendance, doit être réléguée dans les cabinets des adeptes. On peut appliquer à la bonne philosophie ce que dit Juvenal, Sat. 14.

Gratum est quod patriæ civem populoque dedisti,
Si facis ut patriæ sit idoneus, utilis agris
Utilis et bellorum, et pacis rebus agendis.

qu'incontestable de la parfaite correspondance des mouvemens des organes avec ce que ces mouvemens font éprouver à l'âme, il faut aussi admettre : que toute sensation, d'un ordre différent, appartient à des organes d'un ordre différent. La sensation douloureuse d'une lumière trop forte *est une sensation* de lumière, *plus une douleur*. La cause de ces sensations est, dans l'organe d'une des sensations, un mouvement qui donne la sensation de la *lumière*, plus, dans l'autre organe, un mouvement qui produit la sensation de la *douleur*.

J'appelle *sensibilité* l'organe qui peut donner des sensations de plaisir ou de douleur. Or, ces sensations sont d'un *ordre différent* de toutes les sensations de son ou de lumière, etc., donc les organes de ces sensations sont différens aussi, puisque leur différence repose sur celle des sensations qu'il est de leur nature de produire dans l'âme.

§ 4. Qu'entend-on par *un mouvement trop fort?* Sans doute un mouvement capable de produire deux sensations d'un ordre différent, une de lumière et une autre de douleur. Il faudroit pour concevoir qu'un tel phénomène fût l'effet d'un seul mouvement, que le même mouvement pût émouvoir dans l'âme deux sensations d'ordre différent. Ne seroit-ce pas confondre tous les principes ?

§ 5. Il faut considérer tout le système de la sensibilité comme un sens unique, dont les cinq sens ne sont que des points différens, très-marquans à la vérité, mais qui, quoique liés avec tout le système, ne peuvent néanmoins donner que des sensations *de leur espèce.*

Un coup fort donné à la tête me donne une sensation de lumière, mais ce même coup peut me donner aussi la sensation d'un son. Faut-il pour cela confondre l'organe de l'ouïe avec celui de la vue ?

§ 6. L'on ne s'étonne pas assez des merveilleuses fonctions de ces corps organisés appelés *sens*, qui, placés entre l'âme et l'univers, peuvent seuls nous mettre en contact avec quelque portion de ce qui n'est pas nous. Sans eux rien n'existeroit pour nous; ils comprennent l'univers dans leur étroite enceinte. A côté, en avant, en arrière d'eux il y a des mondes inconnus que la pensée ne peut atteindre, puisque la pensée ne peut sortir du cercle mystérieux tracé par ces organes (1).

---

(1) Quand je dis que rien n'arrive à l'âme que par ces sens,

§ 7. Le sixième *sens* comprend donc tout le système de la sensibilité, moins les cinq sens, qu'il semble entourer et embrasser de partout. J'en sépare les cinq sens à cause de la grande différence des sensations, destinées à nous annoncer ce qui se passe *hors de nous*, des sensations destinées à nous apprendre ce qui se fait *au dedans de nous*; car matériellement les cinq sens font aussi partie du système nerveux.

On conçoit que le mouvement requis pour exciter la sensation d'un objet *extérieur*, peut exciter encore quelque partie de l'organe de la sensibilité, et produire une sensation *composée* que nous appellerons *agréable* ou *désagréable*. La même sensation *extérieure* peut reparoître une autre fois *séparée* de la sensation de plaisir ou de douleur, sans pour

---

j'entends par là que l'âme n'est instruite que par les sens *de ce qui lui est étranger*, c'est-à-dire, de ce qui est extérieur à elle, de ce qui n'est pas elle-même : car tous les développemens occasionnés par la réflexion ne lui viennent pas par les sens, puisqu'on suppose ces développemens produits par la réflexion. Dans la réalité, la sensation et la réflexion ont une source commune, qui est l'âme elle-même : la sensation est l'âme développée par un mouvement étranger à l'âme, et la réflexion est l'âme développée par elle-même, c'est-à-dire, par un mouvement directement émané d'elle.

cela être elle-même altérée par cette séparation. Le même mets, qui m'avoit paru agréable, peut ne plus me plaire et néanmoins paroître *le même* au sens qui m'en donne la sensation. Dans ce dernier cas, une sensation joue sans son idée associée, ou si le goût est *changé*, elle se trouve associée *avec une autre sensation* de plaisir ou de douleur.

L'hypothèse de l'organisation d'un sens particulier destiné à produire les sentimens de plaisir et de douleur, est bien plus digne de la majesté de la nature, que celle qui fait naître les sensations les plus importantes de la vie, celles de plaisir et de douleur, d'un simple *accident* des sensations extérieures.

Il y a plus : le plaisir et la douleur portent dans leur mouvement même un principe d'action sur les organes, qui le plus souvent achève son ouvrage sans le concours de la volonté. Loin de supposer que les sensations du sixième sens ne sont que des modifications des cinq sens, il faut au contraire supposer au sixième sens une organisation compliquée, qui presqu'à elle seule fait marcher les rouages de la vie matérielle de l'homme.

CHAPITRE X.

Application de ces principes à la théorie de l'imagination.

§ 1. *Ce que c'est que le sentiment moteur.* § 2. *Les idées une fois éveillées ont trois routes à suivre :* 1.º *celle des passions ou développement des organes ;* 2.º *celle de l'harmonie ou développement des rapports de sensibilité ;* 3.º *celle de raison ou le développement des idées.*

§ 1. Je reviens au sentiment moteur, qui n'est autre chose que la sensibilité intimement associée à quelques sensations des cinq sens, que j'ai appelés *idées*. On conçoit que le sentiment moteur peut être composé d'un grand nombre de sensations de plaisir ou de peine, dont chacune agit avec plus ou moins d'intensité sur quelque idée en affinité avec lui. Il en résulte que le sentiment moteur, venant à toucher avec des intensités différentes une série d'idées associées, commence ainsi le jeu de l'imagination d'après les lois de préférence, d'intensité, de succession, de vitesse et d'harmonie indiquées ci-dessus, comme composant les lois de cette faculté (1).

---

(1) La présence de la sensibilité est le véritable caractère qui distingue l'imagination de l'intelligence. Voilà pourquoi je ne puis être de l'avis des personnes qui regardent la géométrie comme l'ouvrage de l'imagination. La géométrie est toute entière l'œuvre de l'intelligence ; elle exclut le mouvement de la sensibilité, qui ne feroit que la troubler. De plus, le géomètre est entièrement concentré dans l'objet de son travail, *dans les idées* de lignes et de surfaces, et ne sauroit l'être *dans un sentiment* qui n'existe pas pour lui.

L'esprit d'invention qu'on admire chez quelques géomètres, prouve qu'ils savent combiner leurs conceptions, c'est-à-dire, *comparer*. Les comparaisons du géomètre ont tous les caractères de l'intelligence. Le mathématicien ne compare que pour distinguer, *séparer* et *abstraire* ; il ne *réunit* pas comme les poëtes des idées hétérogènes, qui ne sont là que par leur rapport d'affinité avec le sentiment moteur ; l'âme du géomètre ne vit que dans les *idées* qui l'occupent, et *non point dans un sentiment qu'il n'a pas*. Son premier mobile peut bien être l'amour de la science ou de la gloire ; mais le premier éveil, une fois donné à l'intelligence, suffit pour la faire voler de ses propres ailes.

On n'aperçoit pas toujours les sentimens foibles qui, souvent suffisent pour mettre en jeu les imaginations mobiles ; mais les sentimens plus prononcés n'échappent pas dans l'homme vivement ému, chez qui tous les muscles semblent parler à la fois. Le bon physionomiste apercevra souvent le sentiment moteur, qui avoit échappé à l'homme vulgaire, et l'homme du monde devinera quelquefois le motif secret échappé au physionomiste le plus exercé.

Le plus souvent nous ignorons nous-mêmes les motifs qui nous font agir. La raison en est, que les *idées* nées d'un sentiment foible, ont plus d'évidence et de brillant que des *sentimens* sans noms et sans lumières. Et dans le cas où le sentiment est très-exalté, l'homme ému perd la faculté de s'observer.

L'IMAGINATION.

L'âme une fois éveillée par l'imagination se trouve avoir trois directions devant elles. Si l'homme se livre en entier au sentiment moteur, le mouvement de la sensibilité achevera son action *sur les organes*, et le désir sera satisfait pour autant qu'il dépendra des sens ; car dans le langage des passions, le sentiment moteur s'appelle *désir*, et son mouvement continué sans obstacle s'appelle *jouissance*, lorsqu'il est agréable, et quand il ne l'est pas il a d'autres noms (1). On voit bien que l'on est ici sous l'empire des *passions*, où le mouvement de la sensibilité est simple, et non combiné avec l'harmonie ou avec les mouvemens de l'intelligence. Si au contraire l'âme frappée d'un mouvement d'harmonie, arrête l'action des organes, pour ne s'occuper que des rapports que les sentimens lui font éprouver, il en arrivera que la sensibilité développera davantage ces

---

(1) Le mot *jouissance* est malheureusement usé ; déjà il a une acception trop particulière. Chaque instant de la vie ayant son *désir*, se trouve avoir une ligne *de jouissance possible* toute tracée dans les organes et dans l'âme ; mais ces désirs élémentaires, dont se composent les désirs fortement sentis, ne produisent dans l'âme que de foibles et rapides lueurs, presque toujours ignorées de nous-mêmes, et qui ne deviennent apercevables que lorsqu'elles commencent à former des *foyers*.

mouvemens *d'harmonie*, qui semblent si doucement élever l'homme au dessus de la vie matérielle pour le faire jouir à la fois et des sens et de l'esprit. L'âme marche alors d'un mouvement composé de deux forces, dont l'une, celle de l'harmonie, est émanée de l'âme, tandis que l'autre, celle des organes, a sa première origine dans la matière. Il faut cependant ne pas oublier que même la sensibilité, qui a son origine matérielle dans les organes, réside uniquement dans l'âme *émue* en conséquence des mouvemens des organes.

Enfin si l'âme, au lieu de se concentrer dans ce qu'elle sent, se concentre *dans les idées* que le sentiment vient d'éveiller en elle, on la verra encore plus infailliblement arrêter les premiers élans de la sensibilité, pour marcher dans la route *de l'intelligence et de la raison*. L'on voit bien que nous voilà sortis de l'empire de l'imagination.

CHAPITRE XI.

CHAPITRE XI.

Caractère du sixième sens.

§ 1. *Chacun des cinq sens a ses objets particuliers, le sixième aussi a les siens bien marqués.* § 2. *Les cinq sens nous instruisent de ce qui est hors de l'homme, le sixième instruit de l'état des organes.* § 3. *Le sixième sens est différent du toucher.* § 4. *Le mouvement naturel de la vie est, dans les sensations de plaisir, le mouvement troublé dans celles de douleur.* § 5. *Le sixième sens est l'excitateur des idées, et la source la plus féconde du rappel des idées.* § 6. *Il est l'excitateur et l'auteur des passions.* § 7. *Il est l'interprète des besoins de l'espèce, le conservateur de l'homme, et il donne l'éveil à l'intelligence.*

Développons encore mieux le caractère de ce sixième sens.

§ 1. Chacun des cinq sens n'a qu'une classe d'objets capables de produire les sensations qui lui sont propres. L'*œil* ne peut voir que la *lumière*, et l'*oreille* ne peut entendre que des *sons*. L'objet du sixième sens c'est l'état des *organes* du corps, pour autant qu'il importe à l'âme d'en être instruite.

L

Ce sixième sens comprend : 1.° tous les appétits, par conséquent toutes les passions ; 2.° toutes les sensations accidentelles de douleurs ou de plaisirs physiques : car remarquez que les douleurs et les plaisirs *de l'âme* ont encore d'autres sources que les organes.

§ 2. Le sixième sens, comme nous l'avons vu, diffère des cinq sens, en ce que les cinq sens semblent destinés à donner connoissance *des objets extérieurs à l'homme,* tandis que le sixième sens ne nous instruit que des sensations que nous jugeons appartenir *à nos organes.*

§ 3. Je connois par le toucher *que la glace est froide,* mais c'est le sixième sens qui m'instruit que *j'ai froid* (1). C'est l'oreille

---

(1) Il y auroit beaucoup de recherches à faire sur les sensations du sixième sens, comparées avec celles des cinq autres. La sensation qu'on éprouve à la vue des ténèbres (si l'on peut se servir de l'expression de *vue*) tient plutôt au sixième sens qu'à celui de la vue. Il en est de même de la sensation d'une lumière trop vive, qui vient peut-être de la contraction de la pupille plutôt que du sens même de la vue. Le *sentiment* du froid et du chaud n'appartient point au toucher, et ne doit pas être confondu avec le toucher qui m'apprend que la glace est froide et la braise chaude. L'organe du sixième sens est dans une action continuelle et non interrompue durant tout le cours de la vie : il en résulte que l'absence subite d'une sensation est cause d'une autre sensation. L'absence du senti-

qui me dit que j'entends tel son , mais si ce son est celui d'un éclat de foudre très-violent, je dis que *j'en suis assourdi*. Je sens au toucher qu'une *épée est pointue*, mais si cette épée me blesse , je dirai que *je souffre*.

§ 4. Le système nerveux est une machine dont chaque pièce a sa destination , son but , et une construction appropriée à ce but. Quand le corps est en santé , la machine chemine doucement d'après les lois de son organisation. Alors chaque pièce ne joue que son rôle ; l'œil ne fait que *voir*, la main ne fait que *toucher*, etc.

---

ment de la chaleur produit une sensation positive de froid, comme aussi l'absence d'une lumière forte , ou d'un bruit fort , produit des sensations non négatives. C'est que la sensation du sixième sens n'exprime que l'état de l'organe, qui est aussi bien *changé* par les forces qu'on lui enlève, que par celles qu'on lui donne. C'est ainsi que les bassins d'une balance se meuvent en conséquence des poids qu'on ôte , aussi bien qu'en conséquence de ceux qu'on ajoute.

Les cinq sens ayant la cause des sensations, qu'ils donnent, hors des organes , la sensation s'éteint entièrement quand la cause , qui l'avoit produite , vient à cesser. Mais *l'absence d'un sentiment* est presque toujours la cause immédiate du jeu d'un autre agent, dont les ressorts commencent à jouer aussitôt que le ressort opposé commence à se détendre. De là sans doute le sentiment des contrastes, de la nouveauté, de la fatigue, du besoin de se mouvoir, et de mille autres sensations qui feroient à eux seuls le sujet d'un ouvrage.

Mais si je heurte l'œil avec quelque corps dur, ce même organe me donne une sensation douloureuse, qui n'appartient plus à la vision ni au toucher proprement dit, mais à ce sens universel de la vie, qui semble envelopper tout le système des cinq sens. L'on est tenté de croire que ce sens universel ne nous transmet que la douleur, mais on se trompe; ce sixième sens toujours associé avec toutes les sensations des cinq autres, est aussi la source de tout ce que nous trouvons d'agréable dans nos sensations. Si nous sommes moins frappés des sensations agréables que des sensations désagréables, c'est que plus nous jouissons, moins nous en avons la conscience. Il y a plus : la douleur avertit des désordres des sens, tandis que le plaisir semble ne suivre que la pente uniforme et douce de la vie (1).

---

(1) Plus la vie est douce moins elle est sentie. Ceci me rappelle quelques vers charmans d'un poëme fait par un magistrat distingué de Berne, auteur du Code civil de cette République.

Tranquille Broye, onde chérie,
Que j'aime à suivre tes détours :
Ton eau silencieuse, en son paisible cours,
Présente à mon esprit l'image de la vie ;
Elle semble immobile et s'écoule toujours.

De son tems on ne connoissoit encore en Suisse que la vie heureuse.

§ 5. Le sixième sens a des rapports préformés avec les idées, c'est en vertu de ces rapports qu'il devient l'excitateur des idées, et qu'il a l'initiative des idées associées, conservées dans la mémoire. Lorsque le mouvement de la sensibilité est plus foible que le mouvement associateur des idées, il ne fait que *rappeller* ces idées dans l'ordre dans lequel elles ont été associées ; au contraire, si le mouvement de la sensibilité prévaut, il dénature l'ordre des associations, pour composer des associations en rapport avec lui-même.

Les mouvemens modérés de la sensibilité, en s'associant avec les idées, les rendent agréables ou désagréables. Les mouvemens plus forts et plus prolongés de la sensibilité subjuguent peu à peu tous les autres mouvemens, dénaturent les idées associées, et par elles les opinions que l'on avoit, pour former ce qu'on appelle les *passions*.

§ 7. La sensibilité est l'interprète des besoins de l'espèce, et le conservateur de l'individu : voilà pourquoi les mouvemens de la sensibilité sont foibles ou forts en raison des besoins de l'homme. Mais ces mêmes mouvemens mettent en jeu les idées des cinq sens, et par ces idées ils éveillent *l'intelligence*, et produisent le développement complet de l'homme. C'est par le moyen de l'imagination que la sensibilité donne aux *idées* une direction utile à l'individu et à l'espèce, en forçant la faculté de connoître à s'occuper des grandes fins de la nature et de la société. Enfin la sensibilité en éveillant l'harmonie et l'intelligence vient ennoblir la jouissance des sens par le sentiment du beau, et associer la sensibilité aux facultés plus relevées.

CHAPITRE XII.

§ 1. *Doute de Bonnet.* § 2. *Les mouvemens n'expliquent pas les idées.* § 3. *Le mouvement ne rend raison que du mouvement.*

§ 1. L'EXCELLENT esprit de Bonnet a bien senti que le système qu'il soutient dans son essai analitique, est sujet à de grandes difficultés.

Dans le § 117 il dit : « *La sagesse a mis* » *le physique du plaisir et de la douleur* » *dans un certain ébranlement des fibres,*

» *ou dans un certain degré d'ébranlement* ». Dans le § 118 il dit : « *un mouvement plus » ou moins fort, plus ou moins accéléré, » fait naître la douleur ou le plaisir.* » N'est-ce pas se contredire que d'affirmer comme *certain*, ce qu'on vient de poser comme *douteux* ?

§ 2. Dans le § 681 il dit : « que les mouvemens » qui donnent lieu à différentes modifications, » diffèrent entr'eux *par quelque chose de » plus que* par l'intensité ou la vitesse ». Avouons que les explications physiques des phénomènes de l'âme n'ont jamais rien *expliqué*. D'après le sens étymologique du mot *expliquer*, qui veut dire *déplier*, vous expliquez en physique lorsque vous faites voir la *liaison* ou *l'identité* des phénomènes. Mais en psychologie vous ne pouvez *expliquer* les phénomènes de l'âme par ceux des organes, ni les phénomènes des organes par ceux de l'âme, parce qu'il est de principe dans cette science, que la liaison et l'identité des deux substances nous sont inconnues. La bonne psychologie tend à trouver la *correspondance* des phénomènes que présentent les deux substances dont nous sommes composés, et non pas à expliquer les phénomènes d'une substance *par* les phénomènes de l'autre.

§ 3. La connoissance complette de l'homme *matériel*, nous présentera peut-être un jour un automate parfait, auquel il ne manquera que la pensée ; de manière que la connoissance complète de l'homme matériel prouvera rigoureusement qu'il faut chercher *hors des organes matériels* tout ce qui appartient à la pensée. Prouver que les trois angles d'un triangle sont égaux à deux droits, c'est prouver que ce qui est *plus* que deux angles droits, ne peut pas appartenir au triangle ; et faire voir que la composition de l'automate, ne rend raison *que des mouvemens de l'automate* et jamais de la pensée, n'est-ce pas prouver que la pensée est hors de l'automate ?

DÉVELOPPEMENS

DE LA PREMIÈRE SECTION

DE LA SECONDE PARTIE.

AVANT-PROPOS.

Je viens de faire voir que, ce qu'on appelle *sentiment*, n'est que la sensation du sens qui, pour ainsi dire, enveloppe tous les autres, et communique à toutes les sensations des cinq sens quelque chose du sien.

J'ai fait voir, qu'il en résultoit ces sensations mixtes, composées de deux sensations d'ordres différens, d'une sensation proprement dite, et d'un *sentiment* de plaisir ou de douleur ; et que ces sensations selon les besoins de l'organe pouvoient se séparer, s'associer à d'autres sensations, ou se réunir l'une avec l'autre.

J'ai fait voir que le *sentiment* réside dans un sens particulier, et qu'il a tous les caractères des autres sensations.

Il a un *organe* approprié à ses fonctions : cet organe se trouve, d'un côté en rapports avec l'action d'un certain ordre de corps, et de l'autre en rapports avec l'âme même.

Il occasionne, comme toute autre sensation, une *certaine modification* dans l'âme que *lui seul* est en état de produire.

L'objet du sixième sens, ce sont les *appétits* et les *besoins* de l'automate ; le but de ses opérations est de donner connoissance à l'âme de l'état des organes.

Le *désir* est l'expression du *besoin*, comme la sensation d'une *couleur* est l'expression de l'action de la *lumière* sur l'organe de la vision, avec cette grande différence, que l'action du besoin ne se termine pas au désir ; comme l'action de la lumière sur l'œil se termine à la sensation de la couleur. Le mouvement du besoin *a sa route tracée dans les organes au delà du désir*, auquel il communique une *tendance vers cette route*, de manière que tout besoin et tout désir acheveroient tout seuls leur mouvement, si l'*objet* du désir se trouvoit réuni au désir.

Mais de la misère même de notre condition, jaillit la source la plus féconde des biens et des richesses réelles de notre être, l'appel de la sensibilité aux *idées*, le mouvement de la pensée, l'éveil de l'harmonie et de l'intelligence, et le développement non-seulement *de l'automate*, mais encore *de l'être pensant*. Ce second être lié à l'automate comme l'embrion l'est à la mère, semble annoncer des développemens et des moyens, qui ne sont en aucune proportion avec les besoins si passagers de l'individu matériel. Si l'homme n'avoit été destiné qu'à la vie matérielle, il eut, sans doute aussi bien que le frêle moucheron, trouvé à peu de frais les moyens de vivre.

Ces grandes vérités simplifient et annoblissent la science de l'homme : voilà pourquoi je vais leur donner quelques développemens dans la partie qui va suivre. Obligé quelquefois de revenir aux principes, je ne craindrai pas de me répéter.

CHAPITRE PREMIER.

La psychologie a deux sources de connoissance qu'il importe de distinguer.

§ 1. *La psychologie a deux sources de connoissances, le sentiment intime et l'expérience.*
§ 2. *La connoissance des choses extérieures au moi ne donne que des signes, tandisque celles qui arrivent du moi sont ce qu'il y a de plus intime.* § 3. *Les sciences de fait ne se composent que de faits, mais la psychologie s'appuie sur les faits et sur le moi.* § 4. *Je ne puis concevoir les phénomènes du moi sans la supposition d'un centre de rapports.* § 5. *Le centre de rapports ne donne jamais que les phénomènes du moi, et l'hypothèse de la matérialité de l'âme, n'explique rien.*

§ 1. Il est bon d'observer ici une grande singularité dans la science appelée *psychologie ;* c'est qu'elle a deux points de vue absolument différens, que l'on ne distingue pas assez. Entre ces points de vue sont des abîmes, que la science ne comblera jamais. Je vais m'expliquer.

La psychologie a deux sources de connoissances, qui n'ont rien de commun ensemble, l'une est le *moi*, et l'autre arrivée du dehors, représente des objets qui sont *hors de moi*.

§ 2. On sait que les sensations qui arrivent par les sens, ne sont que des *effets*, qui ne sont nullement *tels qu'on les aperçoit*, tandis que ce qu'on éprouve *immédiatement* dans le moi est tout ce qu'il y a de plus intime. Les *sens* ne transmettent que l'effet de l'effet, tandis que ce qui vient du *moi* émane immédiatement de la substance du moi. Si mon sentiment pouvoit *agir* sur un autre *moi*, combien ne paroîtroit-il pas différent à ce moi, de ce qu'il est dans moi-même ?

D'un autre côté je *vois* une *couleur* ; j'aperçois cette couleur par le double rapport de cette couleur avec l'œil, et de l'œil avec l'âme. Mais cette couleur qu'est-elle *en elle-même* ; si j'étois cette couleur, qu'elle me paroîtroit différente de ce que je la vois à travers mes sens (1) !

---

(1) On n'a, ce me semble, pas assez développé la grande différence qu'il y a entre les idées *arrivées par les sens*, et les idées *nées de la réflexion*.

Les idées arrivées par les sens me donnent connoissance des objets *extérieurs* à l'âme : le *feu* qui me chauffe, ce n'est pas moi ; la *dent* qui me fait mal, ce n'est pas moi.

§ 3. *Les sciences de fait qui ne se composent que d'expériences (comme la physique),*

Mais sitôt que je réfléchis, je ne lis plus au dehors de moi, mais *dans moi* où je trouve deux espèces d'idées réfléchies.

Il y a cette grande différence entre les idées venues par les sens et les idées nées de la réflexion, que les dernières sont considérées par la réflexion dans ce qu'elles sont en *elles-mêmes*, tandis que les sensations ne sont considérées que *dans ce qu'elles représentent au dehors d'elles*. Les objets, arrivés à l'âme par les sens, sont les objets que l'aveugle sent *par le moyen* de son bâton, et qu'il sait être *au-delà* de son bâton; tandis que les idées réfléchies, c'est le *bâton même* touché par la main et senti *sans aucun intermédiaire*.

On objectera que, dans les deux cas, ce n'est jamais que le même bâton que je touche. Voici la grande différence : l'objet que l'âme croit apercevoir par la sensation n'est jamais que le *signe* de cet objet. La couleur que je *vois* n'est jamais que le *signe naturel* de ce qui a réellement touché ma rétine. Mais ce que l'âme voit *dans elle-même* ne lui représente rien d'étranger à elle-même, et dès lors, *ce n'est plus le signe qu'elle voit, mais la chose elle-même*.

Il faut distinguer deux classes d'idées réfléchies, et séparer les idées réfléchies, considérées comme *signes*, des idées considérées comme *objet immédiat* de l'attention. Lorsque je *m'observe moi-même*, je considère les idées que j'ai, non point comme des signes, mais *comme la chose même*. Et lorsque je réfléchis *aux choses extérieures au moi*, je considère mes idées *comme les signes de ces choses*, et non point comme les choses mêmes. Quand Newton lisoit dans ses idées la révélation du système du monde, ses *idées* n'étoient pour lui que *des signes*; mais quand Bonnet dans son Essai analitique s'observoit lui-même, ses idées étoient l'*objet* même de son attention, et non pas le signe de cet objet.

J'admets le témoignage des sens comme prouvant la présence d'un objet, qui est la sensation même, mais sitôt que l'on

ne donnent que des quantités *homogènes*: et quoique nous ne connoissions la valeur réelle de rien, nous ne laissons pas d'apprécier la valeur *relative* de plusieurs choses. Mais en psychologie on suppute et l'on combine ensemble des valeurs hétérogènes, (des faits venus du dehors, c'est-à-dire, des signes, avec les faits trouvés dans nous-même, c'est-à-dire, avec ce qu'il y a de plus intime dans la nature de nos connoissances). Rien au monde n'est plus évident que le sentiment que j'*éprouve*, et rien n'est moins *connu* que ce que les *choses sont en elles-même*, et cependant l'on ne cesse pas de confondre ces deux ordres de phénomènes, et de leur donner une valeur égale.

Ce qui n'est pas moi n'arrive à ma con-

---

prétend conclure de ma sensation à la chose représentée, je rejette le témoignage des sens.

J'en conclus que lorsqu'on voudra prouver *par les sens* ce qui est contre le témoignage intime du moi, je dois préférer le témoignage intime. En effet, comment le témoignage de *la chose même* n'auroit-il pas plus de poids que le témoignage *du signe de la chose*.

Aussi quand les matérialistes me disent que le sentiment et la pensée pourroient bien n'être que du mouvement, je leur oppose ce sentiment intime qui a fait dire à Descartes : je sens, donc j'existe.

noissance que par le *moi*, dont il prend nécessairement la forme, c'est-à-dire, que je ne puis voir qu'*à ma manière*, ce qui modifie doublement la connoissance du non-moi. Premièrement je ne puis voir que des *effets*, et secondement, ces effets, je ne puis les voir qu'à travers le moule de ma perception. Je ne vois que le revers des choses, et, ce revers, je ne le vois que tronqué par la forme à travers laquelle le non-moi est forcé de passer. Au contraire, ce que j'éprouve dans mon sentiment, ce qui se passe dans mon âme, est une connoissance *complète* et *directe*, puisqu'entre mon âme et moi il n'y a pas de milieu à traverser.

§ 4. Je ne puis moi-même concevoir ce qui tient au moi, qu'en supposant un centre où tous les rapports du moi vont converger. Sans ce point fixe, que je sens intimement être toujours le même, je ne pourrois nullement comprendre ces rapports. J'appelle substance *ce substratum*, cette *supposition* sans laquelle les opérations du moi ne seroient pas concevables, et comme c'est la pensée et le sentiment avec toutes leurs infinies modifications que j'y attache, j'appelle ce centre de rapports, *une substance pensante*.

Leibnitz

Leibnitz a raison de dire que *l'essence réelle* d'une chose n'est, dans le fond, que la *possibilité* de cette chose, c'est-à-dire *ce qui nous la fait concevoir possible.*

Il me faut de même un *support,* un *centre* autour duquel je rattache toutes les qualités essentielles de tout ce qui n'est pas moi, et cette supposition, sans laquelle je ne puis concevoir les rapports des qualités essentielles des corps, je l'appelle *matière.*

§ 6. Aussitôt que l'idée de la matière me fera concevoir *possible* l'idée de la pensée, j'attribuerai la pensée à la matière ; mais cela ne se pouvant pas, je demeure encore fidèle à la seule *supposition* qui me rend l'idée de la pensée possible, celle de l'existence d'une âme, c'est-à-dire, d'une substance non matérielle, à laquelle j'attribue les phénomènes non matériels.

CHAPITRE II.

Ce qu'il faut entendre par sens.

§ 1. *Les sens me font voir les choses extérieures à l'action qu'elles déploient dans l'âme.*
§ 2. *Ce qui ne touche pas l'âme immédiatement ne fait partie d'aucun sens, tout ce qui la touche immédiatement en fait partie.*
§ 3. *On ne peut appeler sens que précisément ce qui donne une sensation, le reste de l'organe ne lui appartient pas.*

§ 1. ENTRE les *idées*, et les *choses*, (que je suppose être les *objets* des idées), il n'y a aucun rapport immédiat : je ne connois la lumière, les sons, les odeurs, les saveurs, les corps durs ou mols, que par des intermédiaires appelés les *sens*. Le *moi* se trouve comme placé au centre de tous ces rayons, intermédiaires entre lui et les choses. Ce que le moi éprouve réellement n'est que l'action *immédiate* de ces rayons, appelés *sens*, qui, comme le bâton de l'aveugle, sont frappés par un bout, pour avertir de l'autre de ce qui se passe au-delà du bâton.

§ 2. J'ai un corps ; mais, tout ce qui dans l'assemblage merveilleux de ses organes ne touche pas *immédiatement* à l'âme ne fait partie d'aucun sens, tout ce qui y touche immédiatement en fait partie. Ainsi, une grande portion de mon corps est aussi étrangère à mes sens, que la lumière, les sons, les odeurs, etc. sont étrangères aux sens destinés à en transmettre les sensations. Il semble qu'on ait le choix de classer les sens *par leurs organes*, ou *d'après les sensations qu'ils nous font éprouver*. Mais tous les organes extérieurs pouvant me donner la sensation du toucher ou de la douleur, je ne puis distinguer nettement les sens *que par les sensations*, qui leur sont *propres*. En effet, l'organe de l'œil, de l'oreille, du nez peut m'affecter de mille autres manières que par la sensation de couleurs, de sons et d'odeurs ; je puis y souffrir mille maux, y éprouver mille maladies, qui me donnent des sensations bien différentes de la vision, de l'odorat et de l'ouïe. Il a donc fallu distinguer les sens, non par leurs organes, mais par la classe des sensations qu'ils produisent dans l'âme.

§ 3. *Tout ce qui me donne immédiatement*

une sensation, tout ce qui me met en rapport avec ce qui n'est pas moi, je l'appelle *un sens;* ce caractère est tellement éminent, que je n'en connois pas de plus remarquable.

CHAPITRE III.

La sensibilité est un sens distinct des cinq autres.

§ 1. *La sensibilité a tous les caractères d'un sens.* § 2. *Il faut distinguer deux classes de sensations, dont l'une comprend les sensations des cinq sens, et l'autre celle du sixième,* § 3. *l'une nous donne connoissance de ce qui est hors de l'homme, l'autre de ce qui se passe dans ses organes.* § 4. *Tous les sens ont un centre d'activité commun au-delà du sens aperçu par l'anatomie.*

§ 1. La définition de *sens* une fois posée, il en résulte mille conséquences.

L'on voit, que la *sensibilité* doit être considérée désormais par le psychologiste comme un *sens* particulier facile à distinguer des cinq sens, soit par les sensations particulières qu'il donne à l'âme ; soit par la nature particulière des objets destinés à agir sur son organe ; soit par sa structure même. Ce sens infiniment composé a ses rapports avec l'âme et ses rapports avec certains corps, que lui seul est chargé de mettre en communication avec l'âme. Mais ces corps, qui ne sont pas errans dans l'espace comme la lumière ou les sons, se trouvent arrangés de manière à ne parler à l'âme que des besoins des organes. Ils sont ses guides dans l'enfance de la vie, et les excitateurs de la pensée, destinés à lui servir encore de guides dans les régions plus élevées de l'existence et de l'avenir.

Il faut donc élargir la science de l'homme, et considérer la psychologie sous de nouveaux rapports.

§ 2. Je distingue les sensations en deux grandes classes, dont l'une représente les objets *extérieurs à l'homme*, comme les couleurs, les saveurs, les sons, les odeurs ; et dont l'autre par les sensations de *plaisir* ou de *douleur* ne nous instruit *que de l'état de nos organes*.

§ 3. Les cinq sens appartiennent particulièrement et exclusivement à la faculté de connoître (1), tandis que le sixième n'appartient

---
(1) Je crois, qu'en y regardant de près, on trouvera que les

qu'à la faculté de sentir : les premiers donnent l'étendue, la force, la lumière et l'aplomb à la pensée : la *sensibilité* lui donne le mouvement et les couleurs. *Le sens de la connoissance développe les idées, et les assortit par des rapports* déjà préformés dans les idées mêmes; la *sensibilité* en liant les idées par ce que nous appelons *associations des idées*,

---

cinq sens sont exclusivement destinés à la faculté de connoître, comme le sixième l'est exclusivement à la faculté de sentir. Une sensation des cinq sens n'est agréable ou désagréable que par quelqu'association avec le sixième; et quoique ce que nous sentons puisse, en apparence, devenir un objet de connoissance et de réflexion, il y a cependant deux considérations qui m'en feroient douter. L'une est celle-ci : comme le sentiment semble plus particulièrement supposer un *mouvement* dans l'organe, je suis en doute si l'on peut se *rappeler précisément* ce que l'on a senti autrement que par le moyen d'une *idée*, c'est-à-dire d'un objet associé *comme signe* à ce sentiment. L'autre est que le sentiment pur, dégagé de signes, c'est-à-dire d'idées, s'il est fixé par la réflexion, ou rappelé par le souvenir, n'est plus tel qu'il a été, lorsqu'il est sorti pour la première fois de son organe. La plupart de nos sentimens tient à un état compliqué de l'organisation, qui ne se répète pas à volonté, et qui se dénature toujours un peu par la réflexion. Sans doute que les sensations des cinq sens perdent aussi quelque chose lorsqu'elles ne sont que rappelées; mais un *sentiment* qui n'est que *de souvenir* perd bien davantage qu'une idée : il perd non-seulement en intensité, mais il semble *se dénaturer en se déplaçant*. Je puis me rappeler ce que j'ai *fait* ou *dit* dans la colère, mais en mettant de côté tous les *signes naturels* du sentiment, je ne puis avoir une idée claire de ce sentiment pur, comme je puis par le souvenir avoir l'idée d'une couleur.

les emploie à l'usage momentanée de la vie. L'un et l'autre de ces instrumens-*mystérieux* travaillent pour l'avenir, et semblent frayer à l'être sensible et pensant sa route à travers le tems et l'espace.

§ 4. Tous les sens ont un centre d'activité commun, placé pour ainsi dire au-delà des organes visibles ; l'œil *ne voit pas dans l'œil*, la main ne sent pas à *la main*, et le plaisir ou la douleur qu'on éprouve *ne sont pas dans l'organe* où nous les plaçons ; la *sensation*, en un mot, est toujours *au-delà* du sens apercevable, et le corps visible et tangible tout entier semble être aussi étranger à l'âme que la lumière est étrangère à l'œil.

Tout ce qui entoure l'homme est mystérieux, et les bornes visibles de son existence semblent comme l'horison se reculer à mesure qu'on avance (1) dans la connoissance plus intime de son être ; nous voyons partout, que les limites que nous croyons apercevoir, sont bien plutôt l'horison borné de notre science que celui de la réalité.

---

(1) Je veux dire que le véritable *sensorium* ne peut être aperçu que par la pensée. Il est sans doute dans le siége matériel de la sensation et de la mémoire.

CHAPITRE IV.

Des puissances motrices de l'homme.

§ 1. *Quelques idées sur les nerfs d'après l'ouvrage de De la Roche, intitulé :* Analise du système nerveux. § 2. *L'homme est ému par la sensibilité, déterminé par la volonté, laquelle s'exécute par l'irritabilité.* § 3. *La sensibilité excite, la volonté dirige, et augmente le mouvement; l'irritabilité l'exécute.*

§ 1. L'ORGANE universel du sentiment et des idées, ce sont *les nerfs*. Je ne dirai qu'un mot du système nerveux, dont les fonctions ont été développées dans l'excellent ouvrage de M.' De la Roche.

1.° « Les extrémités sentantes paroissent
» être constituées de manière à recevoir les
» impressions des corps extérieurs, et à
» propager, le long des nerfs, des mouve-
» mens d'une espèce déterminée, suivant les
» différences qui se trouvent dans la nature
» de ces impressions, et dans l'état de l'ex-
» trémité sentante elle-même. Ce sont ces
» mouvemens qui, communiqués au cerveau,
» donnent lieu à la sensation ».

2.° « Le cerveau paroît être une partie,
» susceptible par sa constitution, de tous
» les mouvemens auxquels tiennent les sen-
» sations et toutes les opérations subsé-
» quentes de la pensée. Il se trouve propre
» par là à former *une communication* entre
» tous les mouvemens excités dans les extré-
» mités sentantes des nerfs, et ceux qui sont
» produits en conséquence dans les extré-
» mités motrices, quoique ces différentes
» extrémités se trouvent quelquefois très-
» éloignées les unes des autres ».

3.° « Les extrémités motrices sont telle-
» ment construites, qu'elles peuvent se con-
» tracter; cette contraction peut s'exciter
» par des mouvemens qui viennent du cer-
» veau, et qui sont communiqués par le
» cerveau à toutes les fibres contractiles ».

4.° » Les nerfs, proprement dits, doivent
» être considérés comme des paquets de
» fibres médullaires, chacune de ces fibres
» est enveloppée par une membrane parti-
» culière, et par là tellement séparée de
» toutes les autres, qu'il est presqu'impos-
» sible qu'elles puissent se communiquer
» réciproquement aucun mouvement. En
» conséquence les mouvemens nerveux ne

» se propagent que le long de la substance
» médullaire d'une même fibre, depuis son
» origine jusqu'à son extrémité, ou depuis
» son extrémité jusqu'à son origine, si rien
» n'altère sa continuité ».

« Il paroît que, tout commencement de
» mouvement dans l'économie animale, a
» quelque liaison avec la sensation, et que
» les derniers effets de ces mouvemens sont
» des actions qui dépendent immédiatement
» de la contraction des fibres motrices. *Entre*
» *ces fibres motrices, et les extrémités sen-*
» *tantes, la communication se fait par le*
» *moyen du cerveau* ».

§ 2. Il y a trois genres d'agens dans les organes.
1.° Le mouvement de *sensation*. 2.° L'action
des *fibres motrices* ou *musculaires*, mises en
jeu en conséquence d'un mouvement de la
sensibilité ou de la volonté. 3.° Le mouvement
de direction émané de la *volonté*, et porté
par l'organe des idées sur les fibres motrices,
mouvement que je distingue des deux autres,
parce qu'il suppose évidemment un agent
particulier comme nous allons le voir dans
le chapitre de la volonté.

§ 3. Tout mouvement de la sensibilité va
aboutir au sensorium, et semble partir de là

pour aller éveiller les forces motrices de l'automate.

Mais le premier éveil donné par la sensibilité à l'âme et à la volonté, et par elle aux idées, modifie singulièrement le mouvement de la sensibilité. La volonté fait deux choses, elle *dirige* le mouvement, et elle *augmente* le mouvement. Dans tous les cas l'action de la volonté *s'exécute* par une force musculaire, dont l'âme n'a aucune connoissance (1), tandis qu'elle éprouve plus ou moins tous les mouvemens qu'elle imprime à la sensibilité.

Mais tout ce que l'âme sent n'arrive pas à la *conscience* du sentiment (2). Les sensa-

---

(1) Il y a cette différence entre l'irritabilité et la sensibilité que l'âme est instruite des mouvemens de la sensibilité, et qu'elle ne l'est pas de ceux de l'irritabilité. Je serois tenté d'admettre comme hypothèse que tout mouvement s'exécute par l'irritabilité excitée par la sensibilité, ou par la volonté. Cela expliqueroit comment la volonté est exécutée par l'automate, sans que l'âme ait connoissance de ses moyens d'exécution.

(2) « Il est impossible, dit Leibnitz, que nous réfléchissions
» toujours à toutes nos pensées ; autrement l'esprit seroit réflexion
» sur chaque réflexion à l'infini sans pouvoir penser jamais à
» autre chose. Par exemple, en m'apercevant de quelque senti-
» ment présent, je devrois toujours penser que j'y pense, et
» penser encore que je pense d'y penser, et ainsi à l'infini.
» Mais il faut bien que je cesse de réfléchir sur toutes ces ré-
» flexions, et qu'il y ait enfin quelque pensée qu'on laisse passer
» sans y penser, autrement on demeureroit toujours sur la

tions habituelles ne se sentent plus; et je suis tenté de croire que les sensations, qui n'ont jamais été *comparées* avec d'autres manières d'être de l'âme, ne sont pas senties non plus. Il y a un lointain dans la sensibilité, où mille choses ne sont aperçues que confusément, ou si foiblement, que nous ne les apercevons pas mieux que nous ne voyons les étoiles en plein midi.

» même chose. » Essai sur l'entendement humain de Leibnitz, pag. 75.

Une réflexion est pour ainsi dire une pensée qui en regarde une autre, il faut bien qu'enfin il y en ait une qui ne soit pas regardée.

Quand on parle ici de la conscience du moi, on conçoit qu'on n'entend par cette conscience, que la *conscience réfléchie:*

CHAPITRE V.

De la volonté.

§ 1. *La volonté suppose quatre choses;* § 2. *la sensibilité pure est déterminée par l'intensité du plaisir.* § 3. *La volonté se détermine d'après des agens spirituels.* § 4. *La détermination de la volonté ne peut jamais être comparée au jeu d'une machine.* § 5. *L'action de la volonté se fait sur l'automate par le moyen des idées.* § 6. *Il n'est pas vrai que la volonté exécute. Elle est cause finale sans être cause efficiente.* § 7. *Il faut expliquer le mouvement de l'automate par l'organisation de l'homme.* § 8. *La marche des appétits et des passions est préformée, les idées associées s'associent dans leurs organes.* § 9. *La volonté agit par une idée dirigente, elle peut agir contre le mouvement de la sensibilité.* § 10. *Chaque désir laisse une trace dans les organes, tous ces chaînons forment la chaîne d'un mouvement complet appelé* action.

§ 1. On ne sauroit porter la lumière sur une des facultés de l'âme, sans jeter quelque jour sur toutes celles qu'on rencontre sur la route. Je vais parler de la volonté comme si l'on n'avoit jamais écrit sur cette matière; ce que j'en dirai sera puisé, non dans les livres, mais dans moi-même.

La volonté est la détermination de l'âme en conséquence d'un choix et d'une préférence. Il me semble que l'on n'a pas tiré de cette définition tout le parti que l'on pouvoit en tirer.

La volonté suppose, 1.° des idées, 2.° une comparaison, 3.° une préférence, 4.° une détermination née de la préférence.

§ 2. Il s'ensuit que, là où il n'y a qu'*une* idée, une manière d'être de l'âme, il n'y a pas de volonté, et même plusieurs idées ne produisent une *volition* qu'autant qu'on les a comparées ensemble.

Il y a une grande différence entre les comparaisons de la sensibilité et celle de l'intelligence. Le *sentiment pur* agit *par son intensité*, laquelle peut à la vérité, être augmentée par les comparaisons, surtout par les contrastes (1); mais ensuite il agit, pour ainsi

---

(1) Oserois-je hasarder une idée sur la cause des contrastes? Quand ma main a été plongée dans une eau à 60 degrés de chaleur, elle trouvera froide l'eau qui n'est qu'à 30 degrés. C'est que l'organe, monté à 60 degrés n'est plus l'organe monté à 10 ou 15 degrés. Chaque sensation modifie de même son organe,

dire, mécaniquement, c'est-à-dire, que les préférences de la faculté de sentir sont toujours pour la sensation de plaisir la plus intense. La *comparaison des idées réfléchies* a de tous autres caractères ; 1.° la réflexion calme le mouvement de la sensibilité ; 2.° elle développe des rapports inaperçus ; et 3.° permet à l'âme de se décider, non pas toujours d'après le mouvement de la sensibilité, mais encore d'après *l'évidence des rapports développés*.

§ 3. Dans tous les cas la volonté se détermine d'après *des agens non matériels*, qui sont *l'idée*, la *comparaison*, et la *préférence*. L'acte de la volonté, sa détermination, n'est pas la comparaison, ni la préférence, mais *une suite* de la préférence. Cet acte mystérieux, ce principe d'action, cette *entelechie*, comme l'appelle Aristote, est une puissance, un commencement d'action, dont l'exécution et le résultat sont une suite de mouvemens dans les organes, qui ne peut être attribuée

---

et le monte à un ton qui le rend très-sensible à tout ce qui est opposé à ce ton. Peut-être est-ce la lumière du soleil qui monte l'œil de manière à trouver *jaune* la lumière d'une bougie, qui à son tour monte l'organe de manière à trouver *bleue* la lumière du soleil vue sur un papier blanc.

qu'à l'automate, et nullement à la volonté.

La volonté n'est point déterminée mécaniquement ; *l'impulsion* pure de la sensibilité excluroit la *comparaison ;* elle excluroit également la *préférence* née de la comparaison. Elle excluroit enfin toutes les *réflexions* dont le mouvement est toujours opposé à la sensibilité.

§ 4. Dire que la volonté peut n'être que le résultat de toutes ces forces combinées, comme le mouvement de l'aiguille d'une montre est *le résultat* des mouvemens *de toutes les parties* de la montre, c'est dire une absurdité. La montre ne produit qu'un mouvement simple, dont le grand mérite est d'être uniforme ; mais aucun mouvement possible des organes ne peut rendre raison de l'acte appelé *comparaison*, encore moins de la *préférence* émanée de cette comparaison, ni de la *détermination* prise en conséquence de la préférence. Enfin, si l'on veut tout expliquer par le mouvement de la sensibilité, comment rendre raison *du mouvement opposé* à la sensibilité, que j'appelle réflexion.

§ 5. La volonté fait son choix et se décide pour un parti à prendre. Son ouvrage alors est de donner une certaine *impulsion* à l'idée préférée.

préférée. Là finit son domaine, et *l'exécution de la volonté*, toute placée hors du domaine de la volonté, est confiée à l'automate.

§ 6. Le peuple a des idées bien fausses de la volonté. *Je veux marcher et je marche :* cela prouve-t-il que ce soit le *moi*, que ce soit la volonté (dont le domaine ne peut être que dans le pays des idées), qui réellement exécute mon ordre. Ici le langage nous abuse. Le général en chef *fait marcher* son armée, est une expression aussi métaphorique que celle de dire, que c'est *ma volonté* qui me *fait* marcher. Entre ma volonté et l'acte de marcher, il y a un abîme que la science de l'homme aura peine à sonder. *Marcher*, est le résultat de l'action savante et compliquée d'une foule de muscles fléchisseurs et extenseurs, dont j'ignorerai peut-être à jamais le jeu et les ressorts. Quand je dis : *je veux marcher et je marche*, je lie *l'action finale* de marcher *immédiatement* à l'idée de la volonté, et j'omets la cause efficiente placée entre cette volonté qui ne peut agir que sur les idées, et l'action de marcher qui ne peut se faire que par les muscles.

Si la volonté ignore ce qu'elle veut, comment peut-elle *exécuter* ce qu'elle veut ?

N

Comment admettre l'existence d'une force indéterminée ? Et néanmoins rien n'est plus certain que l'exécution de la volonté, c'est-à-dire, la correspondance de telle et telle action avec tel et tel acte de la volonté. Le fait que j'aperçois ne m'indique encore qu'une harmonie préformée entre la volonté et les mouvemens de l'automate.

§ 7. Je touche ici à de grands mystères, mais avant de renoncer aux recherches, il faut épuiser les faits qui se présentent.

En étudiant l'automate, j'entrevois l'explication de tout ce que je puis appeler *mouvement*, sans avoir franchi un instant l'abîme *qui sépare la pensée du mouvement*. Au contraire, plus j'approche de ces lieux mystérieux, et plus la séparation des deux substances devient distincte.

J'observe d'abord, que le jeu des organes, destinés à faire naître les *appétits*, les *désirs* et les *jouissances*, est tout mécanique, et préformé dans l'automate. La faim et la soif ont comme tous les besoins primitifs, leur *marche tracée dans les organes*, de manière que si les alimens, par exemple, se trouvoient toujours à point nommé dans la bouche, la marche de cet appétit, depuis la première naissance du désir jusqu'à son entier développement par la jouissance, s'acheveroit aussi mécaniquement que la circulation du sang. L'âme éprouveroit pendant quelque tems les sensations de désir et de jouissance, correspondantes aux mouvemens des organes; mais bientôt ces sensations seroient éteintes par l'habitude, et l'âme, n'étant plus avertie des mouvemens de l'automate, seroit sans idée, et l'être sentant et pensant seroit changé en plante, ou tout au plus en polype; car c'est la peine de vivre qui, en excitant la pensée, nous élève à la dignité d'homme.

§ 8. La marche naturelle des *passions* est tout aussi bien *tracée dans les organes* que celle des appétits. La preuve en est dans la constante et régulière expression de leurs mouvemens, tellement dessinés par le jeu des muscles et des nerfs, que le simple *aspect* d'une personne vivement émue peut suffire pour produire cette même affection dans l'âme de celui qui en contemple les signes.

L'association des idées, c'est-à-dire, *la force* avec laquelle une idée en éveille une autre, suppose dans certains cas, une liaison, je dirai presque un engrainement des organes de ces idées. Un célèbre médecin a traité deux personnes qui étoient prêtes à tomber en convulsion chaque fois qu'elles venoient à chercher inutilement dans leur mémoire un mot ou une chose oubliée; et ces mêmes personnes toient calmées au moment même qu'on venoit à prononcer le mot, dont l'oubli avoit produit leur angoisse. La douleur de ces malades ne suppose-t-elle pas un *mouvement* dans les organes, arrêté violemment par quelque cause inconnue, que le mot prononcé fesoit cesser ?

Je vois donc la marche des idées associées, celle des appétits et des passions toute *tracée* et préparée dans l'automate, je vois d'un côté la sensation *excitatrice*, de l'autre, un mouvement *dirigé sur les fibres musculaires*. Mais *entre deux*, j'aperçois la *volonté* qui, par la loi la plus mystérieuse, dispose et règle ces mouvemens. Semblable aux despotes de l'orient, elle peut tout, lorsqu'elle veut vouloir, et ne peut rien, lorsqu'elle abandonne le pouvoir à l'instinct de la sensibilité aveugle, qui n'a de puissance que dans la foiblesse de la volonté.

§ 9. J'écarte ici toute idée métaphysique de force, de puissance, de principe, d'action, pour ne parler que de ce que j'éprouve.

J'aperçois quatre faits remarquables, propres à jeter quelque jour sur le mystère de la volonté. Le premier est, que la volonté suppose toujours un *objet*, c'est-à-dire, une *idée dirigeante*. Cette condition est aussi essentielle à la volonté qu'il est essentiel au mouvement d'avoir une direction.

Le second fait est: que je vois très-souvent un mouvement *opposé* à la sensibilité motrice, celui de la réflexion. Ce second mouvement peut, en troisième lieu, *augmenter, diminuer* ou *changer* le mouvement de la sensibilité, suivant que l'*attention* agit dans le sens du sentiment moteur, ou bien dans un sens opposé. J'observe, en quatrième lieu, que, tout ce que je puis attribuer à la volonté *ne dépasse jamais le domaine des idées*, c'est-à-dire que les opérations de l'âme s'achèvent, d'un côté dans le pays des idées, tandis que de l'autre les opérations de l'automate s'*exécutent* dans les organes, de manière que ces deux ordres de phénomènes *se font chacun dans son domaine*, mais toujours en harmonie l'un avec l'autre (1).

---

(1) *Je veux marcher et je marche*, signifie réaliser une *idée*, arriver au *résultat* qu'on s'étoit proposé *idéalement* ; c'est aller d'une idée à une autre idée ; la réalisation même de l'idée de-

§ 10. J'ai dit que la marche des appétits et des passions, même celle des idées associées, avoit sa route tracée dans les organes; cela suppose une certaine organisation, qui ne s'effectue et ne se réalise que *par une suite de préférences et de volontés.*

Chaque préférence, chaque acte de volonté laisse une *trace* particulière *dans l'organe*, et la liaison de toutes les traces d'idées (1),

---

meure étrangère à la volonté. Aucun conte de fée ne présente une plus grande merveille que celle de notre volonté, si nous avions assez de lumière pour nous en étonner.

(1) Chaque mouvement, qui se fait dans les organes, donne à cette organe une *disposition à répéter ce même mouvement*. Je suppose, par exemple, que l'art de *marcher* exige cent mouvemens musculaires, que l'enfant est obligé d'apprendre à cent reprises différentes. Chacun de ces cent mouvemens étant *répété* un grand nombre de fois, devient *de plus en plus facile ;* le mouvement communiqué prendra donc naturellement la route de ces mouvemens faciles, comme l'eau d'un ruisseau prend la route tracée de son lit.

Mais chacune de ces cent reprises et de ces cent leçons a été *volontaire* pour l'enfant, donc la somme totale des cent reprises *qui compose l'action finale de marcher, est volontaire*, c'est-à-dire, composé de la volonté du moment présent, précédée, et préparée dans son exécution, par les quatre-vingt-dix-neuf volontés antérieures. Les cent actes de volonté correspondans aux cent mouvemens musculaires, ont aussi établi dans l'âme une *chaîne d'idées et de préférences, correspondante* dans toute son étendue, à la *chaîne des mouvemens musculaires ;* car les idées se lient entr'elles tout aussi bien que les mouvemens musculaires. Nous avons donc deux chaînes placées dans

de toutes les traces de sentimens et de toutes les préférences forme une chaîne dans l'automate, dont tous les chaînons sont composés de préférences et d'actes particuliers de volontés particulières. Ainsi je vois dans l'automate une organisation préparée d'avance, mais développée par la volonté, et j'aperçois dans l'âme une suite de préférence et d'exertions de volontés, sans laquelle l'organisation n'auroit pas appris à obéir à la volonté.

Il y a dans l'âme une force appelée *réflexion*, qui peut agir *contre l'impulsion de la sensibilité*; cette force peut avoir non-seulement une direction *opposée* à celle de la sensibilité, mais elle peut de plus avoir une *intensité plus ou moins grande* que celle du sentiment : elle ne sauroit donc être confondue avec la sensibilité. Toujours guidée par quelque pensée, la volonté ne peut sortir de l'idée, tout ce qui est au-delà de sa *détermination*, tout ce qui est *mouvement*, *action* et *exécution* est du domaine de l'automate (1).

---

l'homme, l'une dans l'âme, l'autre dans l'automate, et c'est par la correspondance de leur action, *que je marche lorsque je veux marcher.*

(1) Il est certain que je puis agir *contre* le mouvement de la sensibilité. Il existe donc dans l'âme une force *opposée* à

CHAPITRE VI.

Des autres agens de l'homme.

§ 1. *Des mouvemens volontaires et involontaires.* § 2. *L'action de la volonté paroît se porter sur l'organe de l'idée.* § 3. *Il y a une mémoire d'idées et une mémoire de mouvemens.* § 4. *Les mouvemens se lient ensemble comme les idées.* § 5. *L'automate obéit à la la sensibilité et à la volonté.* § 6. *La sensibilité est différente de l'irritabilité.* § 7. *Ordre des mouvemens dans l'homme.* § 8. *La volonté ne peut exécuter.* § 9. *La volonté peut agir sur la sensibilité et sur l'irritabilité; modifier et renforcer la première, et faire jouer la seconde.* § 10. *Le mouvement ne peut jamais être confondu avec la pensée.*

§ 1. On distingue les mouvemens de l'automate en mouvemens volontaires et involontaires.

---

celle de la sensibilité, et qui peut devenir supérieure à celle de la sensibilité. C'est dans cette force que consiste la *liberté*, qui peut agir ou dans la direction de la sensibilité, ou contre la sensibilité, comme nous le verrons dans la suite ; principe sublime qui nous enseigne que c'est dans la raison que consiste la véritable indépendance de l'être pensant et sensible.

Les mouvemens volontaires sont ceux qui se font en conséquence d'un acte de la volonté. Ils supposent la présence d'une *idée*, une comparaison et une préférence, et de plus la *détermination* de la volonté pour l'exécution de cette idée.

Les mouvemens involontaires ne sont que des mouvemens communiqués, qui s'achèvent machinalement et sans l'intermédiaire de l'âme par une suite de mouvement dans les organes. Ils supposent l'action immédiate de la sensibilité sur l'irritabilité.

§ 2. Le point de contact de la volonté avec l'automate se trouve, pour ainsi dire, placé dans l'idée, à qui il faut nécessairement supposer un organe matériel, lié intimement avec l'automate, et des rapports préétablis avec l'âme. Le phénomène de la sensation prouve ce double rapport : d'un côté la *sensation* naît dans *l'âme*; de l'autre *l'organe* de la sensation est mis en mouvement dans ce que nous appelons le *sens* approprié à la sensation; et de plus il se passe, dans la partie invisible de l'organe, quelque chose qui met la sensation en liaison avec d'autres sensations ou idées, de manière que ces sensations ou ces idées peuvent se rappeler l'une l'autre. Ce n'est pas tout : chaque sensation paroît avoir sa réaction sur les fibres musculaires, et produire une *action* qui conserve sa *tendance*, comme les mouvemens, attachés à l'idée née de la sensation, conservent la leur. On diroit que les mouvemens, et par conséquent les actions, se conservent comme les idées, et à la manière des idées; en sorte qu'il y auroit une mémoire qui tendroit à répéter les actions, comme il y en a une, qui tend à répéter les idées (1).

§ 3. Il faut donc étendre l'idée de la mémoire, et supposer une mémoire qui conserve les actions, c'est-à-dire, les *tendances à certains mouvemens*, comme on en suppose une *qui conserve les idées*, et les tendances à reproduire les idées. Il y a plus, les actions se rappellent l'une l'autre comme les idées, le musicien exécute une suite de mouvemens, comme l'orateur débite une suite d'idées. Tous ces mouvemens sont des *mouvemens associés*, comme toutes nos idées sont *des idées associées*. Quand je marche j'exécute

---

(1) L'influence des idées sur la santé, et sur tout le système des organes, semble prouver la liaison des idées avec les organes. Et cette autre influence de l'état des organes sur les idées, prouve que cette influence est réciproque.

une suite de mouvemens, comme en parlant je débite une suite de mots et d'idées.

§ 4. L'association des mouvemens est douée d'une certaine force, par laquelle tous les mouvemens associés s'opèrent ; lorsque cette force n'est point arrêtée par la volonté, elle s'exécute *sans la volonté* par la seule force de l'association des mouvemens. Si la volonté se paralyse tout-à-fait, le mouvement devient involontaire et machinal, et c'est là le cas de tous les mouvemens d'habitude (1).

§ 5. Il y a donc dans l'automate des forces suffisantes à produire toutes les *actions*. Il faut que la force de la volonté soit différente de celle de l'automate, puisqu'en l'absence de la volonté tout se fait sans elle, quoiqu'en sa présence tout soit commandé par elle, mais exécuté par l'automate.

§ 6. Je me permets ici une hypothèse, c'est que tous les mouvemens des organes nécessaires à l'exécution de la volonté, se

---

(1) Il y avoit près de huit ans que je n'avois été dans une maison où j'avois passé une partie de ma jeunesse. En marchant avec beaucoup de distraction dans une galerie de cette maison, je faillis à tomber, parce que le pas qui y étoit de mon tems avoit été ôté. *Mes pieds seuls se souvenoient de ce pas* que ma tête avoit oublié.

font par l'irritabilité, mais que la sensibilité peut aussi agir sur l'irritabilité, et par elle sur tout le système organique. Les médecins ont observé, que lorsque l'irritabilité domine, l'effet d'un remède diminue au point qu'il faut sans cesse augmenter les doses pour obtenir un même effet; tandis que, là où la sensibilité domine, il faut au rebours diminuer les doses lorsqu'on veut avoir égalité d'effet. Même il arrive très-souvent que *l'idée* seule du remède suffit pour produire l'action complète. Voilà une des lois qui semblent distinguer nettement les deux forces.

§ 7. Je suppose donc que la volonté, mue par la sensibilité, (mais dirigée par les idées, soit sensibles soit réfléchies,) vienne à se déterminer, ce sera à l'irritabilité qu'elle s'adressera pour l'exécution de ce qu'elle a résolu. Voici donc, d'après cette hypothèse, la marche de la volonté: La sensibilité a l'initiative, elle *éveille les idées*, et par elles *la comparaison et les préférences;* celles-ci éveillent *la volonté*, et la volonté en se déterminant, *agit par l'irritabilité* sur les organes nécessaires *à l'action*. Mais la mémoire de ces organes s'étoit formée d'avance par une suite d'actions, pour ainsi dire élémentaires de l'action totale, dirigées chacune par quelqu'idée, de manière, qu'à telle association d'idée, répond telle association de mouvemens (1).

§ 8. Cette hypothèse expliqueroit pourquoi tous les mouvemens, appelés *volontaires*, s'exécutent par des moyens inconnus à la volonté, que l'on ne peut pas confondre avec la volonté, puisqu'on ne peut concevoir une volonté indéterminée, placée au-delà de sa préférence, hors des idées et *de tout ce qui appartient à l'âme même*. On sent que l'énoncé même (2) *d'une volonté aveugle* est contradictoire.

Ne voyons-nous pas l'irritabilité, excitée

---

(1) Ne voyons-nous pas que toutes les actions, celles de marcher par exemple, sont apprises, qu'il faut répéter et corriger souvent une suite de mouvemens pour obtenir à la fin un résultat juste.

(2) Dans le style populaire l'expression de *volonté aveugle* n'est pas contradictoire. Les hommes accoutumés à prévenir leurs besoins, n'ont plus que des besoins vagues et indéterminés, appelés *fantaisies*, parce qu'ils partent plutôt des *idées*, que des besoins réels *des organes*, énoncés par la sensibilité. Les actions des hommes qui ne savent point réfléchir, ne sont pas mieux déterminées que ne le sont leurs besoins physiques. Mais dans le langage psychologique une *volonté aveugle* signifieroit une volonté indéterminée : or, la volonté étant une force ne peut pas être indéterminée, et dans le sens rigoureux il n'y a pas de volonté aveugle.

par le galvanisme, exécuter un grand nombre de mouvemens dans des corps morts, tandis que la sensibilité a cessé d'exister ? Ces deux forces sont donc parfaitement séparables, et par conséquent distinctes l'une de l'autre mais peut-être liées ensemble dans l'organe des *idées*, par lesquelles la volonté exécute ses ordres.

§ 9. Il faut élargir et étendre la psychologie, la réunir et la réconcilier avec la physiologie. Nous avons d'un côté étendu le domaine des sens sur tout le système nerveux, et de l'autre nous avons créé une mémoire d'actions et de mouvemens, placée probablement dans le système musculaire, combiné avec le système nerveux.

Nous avons distingué deux forces dans *l'automate*, qui toutes deux ont des rapports intimes avec l'âme ; la sensibilité d'un côté et l'irritabilité de l'autre ; l'une est la conservatrice matérielle des idées, et l'autre des actions ; c'est par elles que l'homme tout entier agit, et exécute sa volonté.

§ 10. Mais, dans toutes ces merveilles renfermées *dans l'automate*, nous n'avons trouvé que mouvemens et forces, forces et mouvemens. Sentiment, idée, pensée, volonté, liberté, réflexion, intelligence, tout est resté en dehors de l'automate, quoique intimement en harmonie avec lui.

Je donne des organes aux idées, et c'est dans ces organes, que je place le mouvement et le point de contact de la sensibilité *qui veut*, avec l'irritabilité qui *exécute*. Mais les idées sont-elles pour cela ces organes ? Je ne puis placer que dans des agens matériels *l'exécution de ma volonté*, que je ne puis point attribuer à la volonté même : mais l'acte qui *préfère, veut, et dirige*, acte qui suppose essentiellement la pensée, et qui s'appelle une volonté, peut-il être confondu avec l'automate habile et savant qui *exécute cette pensée?* Puis-je *vouloir* des mouvemens, et des combinaisons de mouvemens inconnus à ma volonté ? Une pareille assertion ne répugne-t-elle pas à l'idée de la volonté? Enfin la sensibilité même où la placer si ce n'est dans le *moi* qui sent, dont elle fait la partie la plus intime ? et parce que je vois la sensation en harmonie avec les mouvemens de certains organes, s'ensuit-il que la sensation soit cet organe ? Parce que tel air de musique est sorti d'un instrument, s'ensuit-il que l'air qui m'enchante, soit lui-même cet instrument? N'est-ce pas confondre les idées les plus évidemment différentes? Et s'il étoit possible de douter de la distinction des deux substances, ne faudroit-il pas préférer la croyance du moi à toutes les connoissances du non-moi venues par les sens, et déceptrices comme leurs organes?

CHAPITRE VII.

CHAPITRE VII.

Du sentiment considéré comme sensation d'un sens particulier.

§ 1. *Le sentiment n'est que la sensation de l'organe de la sensibilité.* § 2. *L'objet du sentiment, c'est l'état particulier de quelque organe.* § 3. *Le sentiment suppose, comme toute sensation, des rapports avec son objet, et des rapports avec l'âme.* § 4. *Tout sentiment de plaisir ou de douleur est différent de la sensation, à laquelle il est associé.* § 5. *Caractère du sentiment.* § 6. *Le caractère le plus distinctif du sentiment est d'avoir un mouvement.* § 7. *Le calme semble caractériser les sensations des cinq sens.* § 8. *Ce qui les rend capables de résister au mouvement de la sensibilité.* § 9. *Les sentimens sont les moteurs des idées.* § 10. *L'idée est le signe naturel du sentiment.* § 11. *La mémoire du sentiment se conserve plutôt dans les idées que dans la sensibilité même.* § 12. *L'intelligence et l'harmonie conservent le sentiment.* § 13. *Les traces de la sensibilité se retrouvent dans l'association des idées.*

§ 1. L*e sentiment* est tout comme les sensations des cinq sens une modification de l'âme, produite à l'occasion de l'impression d'un *objet* sur l'organe de cette sensation ; avec cette différence, que l'*objet* de la sensation du sixième sens, est placé dans quelqu'organe, tandis que l'objet de la sensation des autres sens est toujours extérieur aux organes. Le doigt qui me fait mal est un organe de mon corps, tandis que la lumière que je vois est étrangère à mon corps.

Le dictionnaire des sensations des cinq sens, quoique très-pauvre, eu égard aux infinies nuances de ces sensations, est riche en comparaison du dictionnaire de la sensibilité, qui n'a presque que les noms de *plaisir* ou de *douleur* pour exprimer les infinies nuances de tout ce que nous éprouvons dans nous-mêmes.

§ 2. Quoique le plus souvent nous rapportions le plaisir ou la douleur à tel ou tel organe, ces sensations ne nous expriment cependant jamais rien d'étranger à nous-mêmes ; c'est toujours *de nous* qu'elles nous parlent, c'est de l'état *de nos organes* qu'elles nous instruisent.

§ 3. Les sensations des cinq sens supposent deux mouvemens dans les organes, l'un dans la partie de l'organe touchée par l'objet extérieur, comme par exemple la rétine, l'autre dans celle qui est supposée être immédiatement en rapport avec l'âme. Le sentiment présente les mêmes phénomènes; il suppose des rapports de l'organe avec l'âme, et un excitateur de ces rapports, qui tient à un mouvement de quelqu'organe. Tel *état de l'organe* fait naître la sensation de la *soif* dans l'âme. Cette sensation occasionnée par le besoin s'appelle *désir*; par exemple, tel *besoin* des organes s'annonce à l'âme par le *désir* de boire.

§ 4. Les organes des cinq sens, placés dans le système nerveux, se trouvent comme plongés dans l'organe universel de la vie. L'organe apparent de l'œil, du nez, etc., est susceptible de mille sensations qui ne sont ni odeurs ni couleurs : ces sensations du sens enveloppant, devenues les gardiennes du bien-être de l'homme, sont presque toujours produites *en même temps* que les sensations du sens enveloppé. Ce sont ces *émotions* du sixième sens, intimement associées avec les sensations des cinq autres qui, par leur association, rendent ces sensations agréables ou désagréables, et sont l'origine du *plaisir* ou de la *douleur* qu'elles nous donnent.

Un son, une couleur, une odeur, sont ce son, cette couleur et cette odeur, ils ne sont que cela. *Le plaisir ou la douleur, qui accompagnent* ces sensations, sont d'autres sensations, que l'âme en distingue, qu'elle en sépare, et qu'elle réunit avec telle ou telle autre sensation ou idée des cinq sens : de là vient que nous disons que, *nos goûts sont changeans et variables*, c'est-à-dire que *la même sensation de plaisir ou de douleur* peut se trouver associée, ou désassociée, avec telle sensation de son, d'odeur, de saveur, etc., et lorsqu'aucune sensation notable de plaisir ou de douleur n'a été associée, on dit que la sensation est *indifférente*.

§ 5. Les sensations de la sensibilité ont quelques caractères que n'ont pas les sensations des cinq sens.

Elles ont, comme les cinq sens, un excitateur dans l'organe, mais comme nous l'avons dit, cet excitateur réside lui-même *dans ces organes*. Comme les cinq sens elles excitent une modification dans l'âme : mais la modification, née d'un sentiment agréable ou désagréable, est toujours accompagnée d'un *mouvement* de l'idée associée. L'idée d'une odeur *agréable* est accompagnée d'un

L'IMAGINATION.

désir *actif* d'éprouver encore cette même sensation, et la modification *agréable* de mon âme, née d'un sentiment associé porte toujours un *principe de mouvement* avec elle.

§ 6. Les moralistes de tous les temps ont répété que l'homme recherche par instinct le plaisir, et par instinct fuit la douleur.

Cette *fuite* et cette *recherche* supposent des *mouvemens* excitateurs de quelqu'idée, ou de quelque sentiment ; et le mot *désir* renferme l'idée de ce mouvement.

Tout sentiment agréable excite des mouvemens dans un sens, et tout sentiment désagréable en excite dans un sens opposé : le premier tend à nous *rapprocher* de ce qui nous plaît, le second à nous *éloigner* de ce qui nous est désagréable. Les sensations pures des cinq sens sont au contraire toujours fixes et immobiles, elles n'ont par elles-mêmes aucune *appétence*, et ne peuvent recevoir de mouvement que par leur association avec quelque sentiment. Je ne parle point ici de leur développement par l'intelligence, qui présente des phénomènes tout différens de ceux de la sensibilité et de l'imagination. Récapitulons: le *mouvement est donc essentiel à la sensation du sixième sens*, comme le repos est inhérent à la sensation des cinq autres. L'*objet* de la sensation du sixième sens *est un certain état de l'organisation appelé besoin*, *exprimé* par la sensation du *désir*, tandis que les sensations des cinq sens n'ont pour objet que des corps *étrangers aux organes*, qui par là même sont incapables de produire un désir, si ce n'est par l'intermédiaire de quelque *sentiment* associé. L'idée de la saveur du vin reste la *même* soit que j'aie le désir de boire ou de ne pas boire : je puis dans les deux cas distinguer la sensation du vin du désir d'en boire que je puis éprouver ou ne pas éprouver.

§ 7. C'est le repos inhérent aux idées des cinq sens qui rend ces idées capables d'être fixées par la réflexion, et développées par l'intelligence. Mais si la sensibilité parvient à leur communiquer une partie de son mouvement *en les associant avec quelque sentiment*, elles deviennent, par cette association, soumises à l'empire de l'imagination. C'est toujours *l'association ou non-association des idées avec quelque sentiment, qui décide, si elles sont du ressort ou de l'intelligence ou de l'imagination*, et c'est le plus ou moins de leur alliage avec les sentimens, qui les rend plus ou moins assujetties à la sensibilité, et par elle à l'imagination, ou plus ou moins capables d'être développées par la réflexion.

§ 8. Les idées des cinq sens sont donc éminemment propres à devenir la *matière première* du travail de l'intelligence ; c'est leur développement qui constitue la *connoissance*, et c'est *de la perception de leurs rapports* que naît *la vérité*.

§ 9. L'on voit, que, si les sentimens sont les *moteurs* des idées, les idées sont les *guides* de la sensibilité. Je vois de loin une personne, je crois que c'est celle que j'aime, j'approche, et je trouve que c'est celle que je hais. Dans les deux cas, c'est *l'idée* qui a amené le sentiment, dans le premier cas, celui de l'amour, dans le second celui de la haine. Dans ce cas-ci la haine et l'amour ont tour-à-tour été les moteurs de mille idées, et de mille mouvemens ; mais sans l'idée dirigeante, appelée *objet*, ces mouvemens et ces idées n'eussent pas été produits. C'est cette action et réaction continuelle des idées sur les sentimens et des sentimens sur les idées qui constitue l'imagination.

§ 10. On voit que *l'idée* peut être considérée comme le *signe naturel* du sentiment, et peut-être comme l'unique *souvenir* l'unique trace qui reste d'un sentiment éteint, par lequel on peut se rappeler, mais sans émotion, ce qu'on a *fait* ou *dit*. C'est ainsi qu'un torrent écoulé laisse sur le sable l'empreinte de tous ses mouvemens.

§ 11. Le sentiment n'a aucune mémoire ; se souvenir d'avoir aimé, c'est aimer encore. Se souvenir d'un sentiment se seroit *éprouver le même mouvement* que celui que je suppose éteint, mais ce mouvement une fois fini, on peut se souvenir, *comme signe* des *idées* qu'on a eues, on peut se rappeler ce qu'on a *dit* et *fait*, mais sans *éprouver le sentiment même* que je suppose éteint, et qui ne le seroit pas s'il étoit réellement reproduit tel qu'il a été. Le mouvement peut laisser des *traces*, qui ne sont pas lui, mais le *mouvement* même ne peut être représenté que par le mouvement.

§ 12. Etrange contradiction ! d'un côté le sentiment est sans mémoire, de l'autre il semble être la mémoire par excellence (1).

---

(1) Les *souvenirs* de la sensibilité ne pouvant naître que de la répétition du *même mouvement*, ne sont pas des souvenirs à la manière des idées rappelées, ils sont le *sentiment même*

C'est que dans quelques âmes le mouvement

qui ne peut être représenté que par lui-même, c'est-à-dire, par le mouvement. Ces souvenirs de sensibilité sont là, ou tous vivans, ou bien ils n'existent point du tout. Nous pouvons retrouver leur dernière *trace*, et voir la dernière heure de l'horloge arrêtée, mais le mouvement une fois éteint, le sentiment cesse d'exister avec le mouvement. Tout ceci est vrai abstraitement, mais comme il y a des nuances infinies de mouvement, il y a dans ce sens des souvenirs infinis de sensibilité.

Cette mémoire placée dans les organes, ou dans le mouvement des organes n'exclut point la possibilité d'une mémoire placée dans l'organe spirituel. Les organes matériels, qui dans certain cas donnent des souvenirs, sont ce qui nous en prive dans d'autres, et l'on conçoit que l'âme, délivrée de l'organe extérieur peut, par là même, acquérir une mémoire plus parfaite, où tout ce que l'âme a jamais éprouvé se retrouve. Cette mémoire, appropriée à des organes plus déliés et à des rapports plus étendus, produiroit de nouveaux développemens et feroit naître de nouvelles *harmonies* et des vérités nouvelles. On conçoit que cette seconde vie seroit la révélation complète du passé, et par-là même une révélation de l'avenir, qui ne peut se lire que dans le passé. Cette hypothèse donneroit la plus grande unité à la vie, en donnant à l'âme le plus vif sentiment de *reminiscence*. Dans cette renaissance l'âme se trouveroit tout-à-coup ravivée par la résurrection de tous les souvenirs et de toutes les pensées ; elle revivroit encore dans tout ce qu'elle a senti et pensé.

On me demandera ce que c'est qu'un organe spirituel ; je réponds que c'est cet *ensemble de rapports*, intermédiaire entre le mouvement de l'organe et la sensation placée dans l'âme. Sans ces rapports préétablis, je ne saurois comprendre que *tel* mouvement peut produire dans l'âme précisément *telle* modification. En effet, comment concevoir une telle sensation sans des rapports préétablis entre l'objet et l'organe, et sans un second système de rapports préétablis *entre l'organe et l'âme* ?

de la sensibilité paroît ne point s'éteindre. Dans les âmes féroces, chez tous les peuples sauvages, chez toutes les nations où la réflexion n'est point encore née, la soif de la vengeance paroît éternelle. Dans toutes les passions, le sentiment dominant monte l'organe de manière à produire des intensités croissantes. Mais si la sensibilité s'allie au sentiment du beau et du vrai, il sort du domaine des sens, et semble par son alliance avec l'harmonie et l'intelligence s'associer en quelque sorte à l'immortalité même.

La mémoire des *idées* paroît tenir à *l'attention* (1), qui est un mouvement émané de l'intelligence, et la raison pourquoi le sentiment n'a pas de mémoire, c'est que l'attention ne peut se fixer sur lui sans le dénaturer, comme le repos ne peut se fixer sur le mouvement sans l'anéantir.

§ 13. Les véritables traces de la sensibilité se lisent *dans l'ordre des idées associées* tou-

---

(1) *Viæ quasi quædam sunt ad oculos, ad aures, ad nares, a sede animi perforatæ ; itaque sœpe aut cogitatione aut aliqua vi morbi impediti, apertis atque integris at oculis et auribus, nec videmus, nec audimus, ut facile intelligi possit, animum et videre et audire, non eas partes, quæ quasi fenestræ sunt animi ; quibus tamen sentire nihil queat mens, nisi id agat, et adsit. Cicer. Tuscul. L. I. Chap. 20.*

jours rangées selon l'ordre des intensités émanées de la sensibilité. Car, dans l'intérieur de l'âme, comme dans l'extérieur de l'homme, le sentiment range tout selon l'ordre, je dirai presque selon l'étiquette du cœur. Nous verrons en parlant des passions que chaque sentiment, qui arrive, tend à désassocier les idées liées par des sentimens antérieurs, pour former des associations qui soient en rapport avec lui-même (1). Ce sont toutes ces in-

---

(1) Je conçois deux principes de l'association des idées, l'un provenant de la sensibilité. Dans l'esprit du système de Leibnitz, la sensibilité demeureroit continuellement active jusqu'à ce qu'une force contraire vienne à changer cette activité. Cette hypothèse seroit conforme aux faits qui prouvent que chaque sentiment nouveau altère plus ou moins les associations précédentes, en modifiant le sentiment associateur, soit en désunissant les idées, soit en rendant leur association plus forte, ce qui arrive lorsque le sentiment nouveau est dans le sens du sentiment qui a formé les associations déjà établies.

La seconde force associatrice des idées est dans l'intelligence, qui lie les idées, non par des sentimens, mais par des rapports inhérens aux idées mêmes. Leibnitz dit: que « les principes » généraux lient nos pensées, ils y sont nécessaires comme les » muscles et les tendons sont nécessaires pour marcher quoi- » qu'on n'y pense point. L'esprit s'appuie sur ces principes à » tout moment, mais il ne vient pas aisément à se les repré- » senter distinctement. » Suivant d'autres principes, les idées abstraites tiennent à toutes les idées individuelles, comme le centre d'une toile d'araignée tient à tous les rayons, et par eux à tous les polygones concentriques qui composent cette toile. On sent assez distinctement que le rappel des idées raisonnées est plus réfléchi, plus spontané, que le rappel des idées de l'imagination, qui ne tiennent ensemble que par le sentiment moteur,

fluences de la sensibilité sur les idées, et des idées sur la sensibilité, qui constituent le jeu et la nature de l'imagination.

CHAPITRE VIII.

Rapport des sentimens avec les idées.

§ 1. *Quelquefois c'est l'idée qui domine sur le sentiment, quelquefois c'est le sentiment qui domine sur les idées.* § 2. *Quand les idées se suivent d'après une association ancienne, c'est de la mémoire; quand elles se suivent d'après l'influence d'un sentiment présent, c'est de l'imagination.* § 3. *Le sentiment ajoute à la mémoire lorsqu'il est dans le sens du sentiment qui a formé l'association rappelée.* § 4. *L'âme pense toujours parce que la sensibilité ne peut pas cesser d'agir.*

§ 1. L<small>E</small> sentiment, considéré dans *ses rapports avec les idées*, présente plusieurs phénomènes remarquables. Quelquefois c'est *l'idée qui domine sur le sentiment* associé, alors tous les mouvemens de l'âme sont calmes. D'autres fois c'est le sentiment qui domine, alors l'association se fait en raison de l'importance de chaque idée, c'est-à-dire en raison de l'ordre de ses rapports avec le sentiment moteur, de manière que l'idée qui touche le sentiment de plus près sera première en date et première en intensité. De là l'origine des *inversions* (1), où la sen-

---

(1) Voyez comme, dans les bonnes poésies, les mots vont se placer d'après l'ordre assigné par la sensibilité. J'ouvre Horace au hasard, et dans sa treizième Ode du troisième livre sur la fontaine de Blandusie, j'observe que les adjectifs, qui expriment ce que le poëte *sent vivement*, sont placés *avant* leurs substantifs.

Dulci digna mero - gelidos rivos, - flagrantes caniculæ- atrox hora-frigus est placé avant *amabile*, parce qu'ici le substantif exprime le sentiment même, *fessis tauris-nobilium fontium- loquaces lymphæ.-* Le sentiment dominant dans cette ode semble être le sentiment de *fraîcheur* que cette fontaine fait éprouver au poëte. Mais lorsqu'Horace est *peintre*, c'est-à-dire, lorsque c'est à *l'œil* qu'il parle, il sait très-bien placer l'objet *avant* ce qui n'est qu'accessoire à l'objet.

Frons turgida, - cornibus primis - pecori vago - fons splendidior vitro.

C'est par ces inversions que le poëte est vraiment *peintre*, c'est-à-dire, que c'est *l'ordre* dans lequel les mots sont placés, qui produit le clair-obscur, sans lequel il n'y a pas *d'effet*. Il est naturel que les idées, qui ne sont là, que *par le sentiment* qui les a fait naître, soient placées *après* le sentiment; il est naturel encore, que lorsque le poëte est peintre, il commence par le sujet du tableau, et non par quelque détail de ce sujet. Ce n'est qu'au sentiment qu'il peut appartenir de placer par fois quelque détail en *avant* de l'objet même, comme le peintre place la lumière sur telle ou telle partie du tableau pour faire ressortir cette partie.

sibilité place les mots, d'après les besoins du cœur, plutôt que d'après les préceptes de la raison. Que de mouvemens dans la colère ! comme l'idée principale revient sans cesse avant les autres, que d'idées touchées à la fois par ce sentiment affreux ! Imaginez la colère dépouillée de toutes les idées, rendez-la muette, et au lieu de tous les éclairs d'idées qui frappent le spectateur, la colère ne sera plus qu'un serrement de cœur, une palpitation plus ou moins forte, en un mot une maladie passagère. Replacez ce sentiment vis-à-vis des idées, et voyez le mouvement et le tumulte qu'il y répand !

§ 2. Nos idées sont rappelées par la force de leur association qui, dans le domaine de l'imagination, tient encore au sentiment que l'on a éprouvé quand cette association s'est formée, et toutes nos *opinions, non raisonnées*, cette source intarissable des préjugés, tiennent à la sensibilité. Tant que l'âme n'est agitée par aucune passion, elle vit de souvenirs, c'est-à-dire d'idées associées, et par conséquent de sentimens passés. De là vient que les vieillards aiment à parler du temps de leur jeunesse, temps où les idées sont fortement associées par des sentimens très-vifs. Mais aussitôt qu'un sentiment nouveau arrive dans l'âme, c'est lui qui cherche à dominer ; s'il est foible il rappellera les associations anciennes, mais sans les dénaturer, s'il est plus fort que la force associatrice de ces mêmes associations, il achevera d'en briser tous les liens pour former des opinions nouvelles, toutes conformes à ses désirs. *Mais Orosmane m'aime, et j'ai tout oublié !* L'oubli d'une partie du passé est le premier signal de l'arrivée d'une passion vive.

Lorsque les idées suivent l'ordre d'une association *ancienne* nous disons que c'est de la *mémoire*. Mais lorsqu'un *sentiment présent vient surmonter la force de l'ancienne association*, pour ranger les idées d'après ses propres lois, nous disons que c'est de l'*imagination*. On peut se rappeler encore le *langage* des opinions qu'on n'a plus, une personne passionnée peut affecter des opinions et ne les sentir *plus dans le cœur*, c'est-à-dire n'éprouver plus le *sentiment* qui en avoit fait l'*âme* et le *lien*.

Lorsque le sentiment qu'on éprouve est *dans le sens de quelqu'association à demi-oubliée*, on voit aussitôt reparoître cette association à demi-effacée, et les idées, qu'on alloit perdre, reviennent en foule. Un homme devenu amoureux se rappellera aisément le Racine qu'il avoit presque oublié ! mais il lui sera facile d'oublier son algèbre et ses mathématiques !

§ 5. Locke a demandé si l'*âme pensoit toujours ?* Je réponds que comme la sensibilité ne peut cesser qu'avec la vie, il y a toujours, en vertu de ses rapports avec les idées, quelque pensée plus ou moins vive excitée par elle, et l'imagination, née de la sensibilité, ne s'arrête qu'avec la vie même : mais ces foibles pensées sorties pour ainsi dire de la lie de la sensibilité ressemblent à des rêves. En effet, les idées des âmes vides ont tous les caractères des mauvais rêves, et leur effet sur les âmes pensantes est un supplice dont on ne se sauve, que par l'esprit d'observation, qui peut rendre intéressant et les sots et les insectes.

CHAPITRE IX.

CHAPITRE IX.

Du sentiment considéré comme mouvement.

§ 1. *Tout sentiment est doué de mouvement.*
§ 2. *Chaque mouvement est déterminé par la nature de l'organe.* § 3. *Le mouvement de la sensibilité est ce qui produit le phénomène de l'imagination.* § 4. *L'ordre et la facilité des mouvemens s'apprend par la répétition de ses mouvemens.* § 5. *On peut arrêter l'explosion d'une passion sans arrêter son mouvement.* § 6. *De la mémoire musculaire.*

§ 1. Jusqu'ici j'ai considéré le sentiment comme une sensation, émanée du sens appelé *sensibilité*. J'ai fait voir que, même dans son état de repos apparent, le sentiment a toujours quelque mouvement et quelque *émotion*. Les philosophes de tous les âges ont observé que l'homme est attiré par le plaisir, et repoussé par la douleur. Ce principe d'attraction et de répulsion où existeroit-il si ce n'est dans la sensibilité ? L'on peut admettre comme un fait général, que tout sentiment a quelque désir ou aversion,

P

comme tout mouvement a une direction déterminée. Le désir, n'étant que l'expression d'un besoin, se trouve avoir une direction née de ce besoin, et un terme, qui est l'accomplissement de ce besoin par ce qu'on appelle *jouissance*: par conséquent tout mouvement de sensibilité, tout désir, toute sensation du sixième sens, (car tous ces mots sont synonymes) porte dans l'âme une appétence, qui est sentie par une sensation de plaisir lorsque le désir est conforme au développement momentané de l'organisation, et de douleur lorsque le mouvement qu'on éprouve est contraire au jeu des organes.

§ 2. La sensibilité peut se décomposer en un grand nombre de sens particuliers. On connoît les organes de quelques appétits. Une connoissance plus parfaite du corps humain, et de tous ses mouvemens, feroit distinguer l'organe de chacune de nos passions; on liroit le sentiment de la tristesse ou de la joie dans les organes intérieurs de ces passions comme on le lit sur les traits du visage. Une connoissance profonde de l'organisation, qui viendroit à révéler quelques-uns de ses mystères, nous dévoileroit les infinies nuances, les combinaisons innombrables de mille sentimens inaperçus, nés des mouvemens combinés de tant d'organes divers. On verroit les *idées*, plus ou moins amoncelées par l'influence de tous ces sentimens, se former et se déformer dans leurs associations, comme les nuées d'un ciel vaporeux : quelquefois, accumulées en grandes masses, on entendroit le tonnerre des passions, et l'on verroit les régions de l'âme présenter tout-à-coup, après le jour le plus brillant, le sombre aspect de la tempête.

§ 3. L'influence de la sensibilité sur les idées présente tous les phénomènes de l'imagination. Le sentiment moteur a ses idées de préférence, ses intensités, ses idées successives, et une vîtesse dans leur succession, dont on voit des traces notées dans la musique ; et le développement des rapports entre les sentimens divers présente tous les phénomènes de l'harmonie.

§ 4. Je ne sais si la réaction des idées sur la sensibilité se fait immédiatement ou médiatement par des mouvemens musculaires, capables de réagir sur l'organe de la sensibilité : ce qu'il y a de certain c'est que cette réaction existe. J'ai peur ; tout ce que je vois, et ce que je pense dans ce moment redouble ma frayeur.

Dans les mouvemens prolongés d'une même passion la réaction se fait très-promptement, parce que tout a été préparé d'avance par la *répétition fréquente* des mêmes mouvemens, et qu'il se trouve dans l'organe de la passion, et, peut être, dans l'âme même *une disposition naturelle* à éprouver le sentiment de la passion, et les mouvemens de la passion.

Les mouvemens d'une passion s'apprennent, comme un air de musique, en répétant sans cesse, et en perfectionnant de plus en plus une certaine série de mouvemens et d'idées : avec cette différence que dans les passions le sentiment va croissant avec le sentiment jusqu'à ce que la *source* en soit épuisée dans l'âme, et le mouvement va croissant avec le mouvement *jusqu'à l'entier développement de ce qu'il a dans l'organisation de propre* à produire ce mouvement ; au lieu que les mouvemens, qui ne sont qu'*appris*, n'ont qu'un principe d'impulsion, qui peut avoir une accélération produite par la répétition, mais qui n'a point celle qui émane d'une organisation particulière, préformée pour produire précisément les mouvemens de la passion que je suppose.

De toutes les passions primitives aimantes

sans doute que l'amour est la plus forte et la plus pressante. Que de dispositions l'amour ne trouve-t-il pas, et dans la sensibilité et dans les organes ! Quelle profondeur de sentimens n'y a-t-il pas dans certains cœurs ! Quelle précision de rapports entre la sensibilité et les organes ! Et quelle harmonie dans la composition de ce sentiment mystérieux à qui la nature a confié à la fois et l'existence et le bonheur de l'espèce.

§ 5. Plus les idées, émues par un même sentiment, sont nombreuses, plus leur réaction est dispersée, et moins chacune a de mouvement. De là le calme des idées générales, toujours dispersées en un grand nombre d'idées individuelles, et par leur nature toujours calmes, puisqu'on les suppose formées par la réflexion.

Dans les passions haineuses le *ressentiment* est une des plus durables chez les sauvages, et chez les hommes qui leur ressemblent. Le ressentiment est né d'un désir très-violent, arrêté tout-à-coup, et fixé *par une idée* qui devient l'objet et le foyer du ressentiment. Tel a enlevé la femme d'un sauvage, ou bien l'a traversé dans quelqu'un de ses désirs passionnés. Plus ce désir a été violent (et ils le sont toujours chez les sauvages), et plus la réaction en est vive; ce désir, arrêté dans son essor, demeure tendu comme la corde d'un arc, dont la flèche est toujours prête à partir. L'on voit dans les idées, associées par la sensibilité, que l'action du sentiment se conserve long-temps par sa propre énergie. Les animaux aussi sont capables de ressentiment, et j'ai vu un écureuil en conserver durant toute sa vie.

§ 6. On peut arrêter les explosions des passions, sans pour cela arrêter complétement leur réaction sur les mouvemens musculaires: qui n'a pas éprouvé combien une colère contenue peut causer de douleur! Le peuple, qui a l'habitude de se livrer à la colère, se calme après chaque explosion, à peu près comme l'animal se calme par la jouissance; car les passions haineuses ont aussi leur jouissance, c'est-à-dire l'achevement de leur mouvement.

Il faut ne jamais oublier, que la force des passions est dans l'organisation, que toute passion est formée par la réaction des idées sur les fibres musculaires, réaction dont l'âme ne peut point avoir la conscience, il faut se rappeler que les muscles ont une espèce de mémoire comme la sensibilité. Et puisque l'activité de l'âme ne peut point s'arrêter, puisque l'on est sans cesse à se préparer des habitudes, il faut prendre de bonne heure l'habitude des bonnes actions afin de ne pas contracter celle des mauvaises ; il faut pour cela mener une vie utilement active, c'est-à-dire *vertueuse*. Tous les moralistes n'ont-ils pas dit que la vertu étoit une *habitude* ?

CHAPITRE X.

Recherches sur les mouvemens opposés à la sensibilité.

§ 1. Dans l'automate arrêter tel mouvement, suffit pour produire tel autre mouvement. § 2. La réflexion arrête le mouvement de la sensibilité. § 3. La sensibilité a son mouvement des extrémités vers le centre du sensorium, tandis que la réflexion paroît aller du centre aux extrémités. § 4. Influence de l'âme sur les organes. § 5. La réflexion paroît produire un mouvement physique opposé à celui de la sensibilité. § 6. La réflexion agit par les idées toujours plus calmes que les sentimens. § 7. Les mouvemens dans les organes ne prouvent point la matérialité de l'âme.

§ 1. L<small>E</small> système nerveux et le système musculaire sont tellement compliqués, il y a tant d'agens en mouvement, tant de tendances de tous les côtés, que, diminuer le mouvement de tel organe, c'est donner lieu à un déploiement de forces, capable de produire un effet *positif*, par la simple diminution d'un premier mouvement.

§ 2. J'ai partout observé que le mouvement de l'intelligence étoit opposé à celui de la sensibilité. Si vous pouvez faire parvenir une réflexion dans l'âme de l'homme passionné, vous arrêtez aussitôt plus ou moins les mouvemens de sa passion. Vous pourrez lire cet effet sur tous les traits de sa physionomie; et que de mouvemens invisibles ne supposent pas les mouvemens visibles des muscles du visage ! *D'où peut naître ce mouvement opposé ?*

§ 3. Il y a dans toutes les idées populaires quelque chose de pris dans la nature; et toutes les opinions, qui ne sont pas apprises, ou dictées par la puissance, ont quelque chose de vrai. On a de tout temps placé le siége de la sensibilité dans le tronc du corps, et le siége de la réflexion dans la tête. Le mot de *cœur* est dans toutes les langues synonyme de sensibilité. En latin, en allemand comme aussi dans toutes les langues, d'origine scandinave, la *poitrine* désigne le siége des passions violentes. Les Romains plaçoient le siége de la colère dans l'estomac, et *stomachari* signifie, en françois comme en latin *se fâcher*. Le mot populaire *s'estomaquer*, n'a vieilli que, parce que dans la bonne compagnie rien n'est plus indécent que l'explosion des passions populaires (1).

L'objet, qui affecte l'organe du sixième sens, est dans quelque *besoin* de l'organe ; il s'annonce par une sensation appelée *désir*, qui arrive à l'âme comme pour réclamer le secours des *idées*. Et tous les mouvemens de sensibilité vont par le moyen des nerfs rayonner vers un point cental, qui semble résider dans le cerveau.

Mais, au-delà de ces mouvemens, se trouvent les régions mystérieuses de l'âme, où le mouvement se transforme en *sensation*. La sensation même ne peut s'opérer que par une force inhérente à l'âme, qui n'est pas celle du mouvement, car la force du mouvement ne peut produire que le mouvement; il faut donc un centre de force, une substance, différente de celle qui produit le mouvement, pour faire naître le sentiment et la pensée. Cette force, mise en rapport avec le mouvement par des lois immuables, est

---

(1) *Plato triplicem finxit animam; cujus principatum, id est rationem, in capite, sicut in arce posuit; et duas partes parere voluit, iram et cupiditatem, quas locis disclusit; iram in pectore, cupiditatem subter præcordia locavit. Cicero Tuscul. L. I. Chap.* 10.

celle de l'*âme*, qui même là où elle paroît passive, comme dans la sensation, est réellement active.

Or, tout ce qui tient à la réflexion, et j'ajouterai à l'harmonie, tient à l'âme même.

§ 4. En parlant sans cesse de l'action des organes sur l'âme, je n'ai encore parlé que d'une moitié des phénomènes de notre être. L'influence de l'âme sur le corps n'est pas moins évidente, que celle du corps sur l'âme, et s'il est vrai que tout mouvement des organes, même les plus imperceptibles, soient sentis dans l'âme, il n'est pas moins vrai que toutes les pensées de l'âme sont aussi empreintes dans les organes.

Etrange et mystérieuse union de la pensée avec le mouvement, et du mouvement avec la pensée ! Si tous les mouvemens de l'automate sont le résultat du mouvement, où placer l'influence que l'âme exerce sur lui ? Si une portion du mouvement appartient au non-mouvement, c'est-à-dire à la pensée, quel renversement des lois connues de la nature ! On a beau trouver l'harmonie préétablie, étrange, absurde même, il semble qu'on soit forcé d'y revenir. Je ne jette un instant les yeux sur ces ténèbres, que pour les en détourner à jamais.

§ 5. Je reviens à mon sujet. La réflexion aussi auroit-elle son organe ? Nous connoissons les organes des sens, nous les voyons tous aboutir à un point central que l'on juge placé dans le cerveau, et le mouvement même dont résulte la sensation, paroît aller des extrémités nerveuses vers le centre. Si on lie un nerf, le mouvement, placé au dessous de la ligature, ne la dépasse pas, et la sensation, arrêtée pour ainsi dire sur sa route, n'arrive pas à l'âme. On diroit que les mouvemens de la réflexion ont une direction contraire à ceux de la sensibilité; car on les voit *arrêter* l'essor du sentiment. La réflexion considérée comme mouvement paroît émaner du sensorium : elle a deux effets bien marqués; l'un d'arrêter ou de modifier l'impulsion arrivée par la sensibilité, l'autre de développer; dans une sensation confuse, les sensations partielles qui y sont contenues, et de préparer par ce moyen l'œuvre de l'abstraction : et c'est précisément ce que fait la réflexion.

En effet, comment nier que la réflexion *ne calme l'émotion des sens ?* Le mouvement *opposé* comment s'opéreroit-il, si ce n'étoit par un autre mouvement? Et le mouvement où seroit-il, si ce n'est dans un organe? N'est-il pas reconnu par tous les bons physiologistes, qu'il y a un point central où tous les sens vont converger?

§ 6. Le premier effet du *mouvement* de la sensibilité est d'agir *sur les idées des cinq sens*, comme si le premier soin du sentiment étoit d'éveiller les *idées*, qui vont devenir ses gardiennes et ses guides, et qui ne se trouvent jamais plus infaillibles que lorsqu'elles ont été préparées, et, pour ainsi dire, formées et élevées d'avance, par la réflexion.

Les cinq sens, destinés à la faculté de *connoître*, paroissent avoir un caractère plus calme que le sens de la sensibilité. En effet, quatre des cinq sens, placés dans la tête, paroissent plus isolés; comme ils sont logés près du sensorium, ils ont moins de chemin à faire, moins de mouvemens à rencontrer que le sens de la sensibilité, qui a, pour ainsi dire, tous les organes à traverser. Le cinquième sens celui du toucher, quoique répandu sur toute la surface du corps, paroît néanmoins très-indépendant de tous les mouvemens des autres organes; il n'y en a pas de plus calme, et il semble être éminemment destiné à étendre la faculté de connoître, puisqu'il est le guide de deux autres sens, particulièrement de celui de la vue.

§ 7. Si on venoit à découvrir l'organe matériel de la réflexion, je ne serois nullement ébranlé dans mon opinion sur la non-matérialité de l'âme. Intimement persuadé, que les rapports entre le mouvement et la pensée ont une loi de la nature, je ne saurois renoncer à l'idée de l'immuabilité de cette loi; et si le mouvement suppose un organe, je ne sais pas pourquoi un point central des rapports entre le mouvement et la pensée, cesseroit jamais d'exister. La physiologie même indique un centre (1), un sensorium, où tous les mouvemens vont aboutir, par conséquent un organe, où tout ce qui appartient à l'être sentant et pensant, se trouve concentré, et où le mouvement et la pensée semblent se rencontrer.

---

(1) Eadem *mente res dissimilimas comprehendimus, ut colorem, saporem, calorem, odorem, sonum; qui nunquam quinque nuntiis animus cognosceret, nisi ad eum omnia referrentur, et is omnium judex* solus *esset. Tuscul. L. I. Chap.* 20.

CHAPITRE XI.

Du sentiment considéré dans son plus grand mouvement, appelé *passion*.

§ 1. *Les besoins sont les premiers excitateurs des passions.* § 2. *Le désir éveille l'idée dirigeante.* § 3. *Les grands mouvemens de l'âme sont dans l'action de l'idée dirigeante.* § 4. *Le mouvement musculaire réagit sur le mouvement nerveux par les jouissances.* § 5. *L'unité de volonté dans l'âme et l'uniformité des mouvemens des organes produisent les passions.* § 6. *Et s'il y a un vice dans l'organisation ces mêmes mouvemens produisent la* manie. § 7. *Accélération des mouvemens passionnés.* § 8. *La réflexion peut arrêter ce mouvement si on parvient à la faire naître.* § 9. *Le développement national modifié par le principe du gouvernement.* § 10. *Plus l'homme est sauvage, plus il est dominé par l'imagination.*

§ 1. Suivons la sensation du sixième sens, appellé *sentiment*, dans tous les phénomènes qu'elle présente. Un *besoin* vient à frapper quelque partie de l'organe de la *sensibilité*, à peu près comme la *lumière* vient à frapper l'organe de *l'œil;* (car la sensibilité a ses rapports avec tel organe ou tel mouvement, comme les autres sens ont leur rapport avec les corps ou les mouvemens, qu'ils sont chargés de mettre en connoissance avec l'âme). Au mouvement du besoin répond un *sentiment*, c'est-à-dire une sensation du sixième sens, connue sous le nom de *désir*; à peu près comme à l'action de la lumière sur l'organe répond la sensation d'une couleur, avec cette grande différence, que l'action de l'organe de la vue se termine à la sensation qu'elle donne à l'âme, tandis que le *désir* étant un mouvement *non achevé*, indique toujours une direction ultérieure. Cette direction connue par les moralistes sous le nom d'aversion pour la douleur et d'amour pour le plaisir, fait le mobile des actions humaines; ce qui cependant n'est vrai que dans le domaine de l'imagination pure.

§ 2. Le plus souvent quelqu'*idée* des cinq sens est éveillée par le *sentiment*, et l'attention de l'homme cultivé se porte aussitôt sur *l'idée*, qui, comme un point fixé par l'attention,

---

(1) La force par laquelle l'intelligence agit, est ce que j'appelle *cette action*. L'attention est une force essentiellement
vient

vient arrêter plus ou moins le mouvement de la sensibilité.

Mais à toute action répond une réaction, et c'est toujours la réaction des idées qui produit les grands mouvemens des passions, puisque ce qu'on appelle *action, ou exécution de la volonté*, est toujours l'effet de la réaction de l'idée frappée par quelque sentiment. C'est *l'idée dirigeante* qui décide, comme dit Pinel (1), si le pacha enivré d'opium ira jouir de sa femme ou ordonner un assassinat.

La réaction de la sensibilité, ou de *l'idée* mise en mouvement par la sensibilité, se fait sur l'organe musculaire, et sans doute par l'irritabilité, qui est toujours muette pour l'âme, quoiqu'aveuglément soumise à la volonté. Les organes musculaires paroissent avoir leur *mémoire* comme les organes de la sensibilité, c'est-à-dire que les mouvemens musculaires s'associent régulièrement l'un à l'autre, et se reproduisent dans un ordre

---

différente de la force de l'imagination. Nous avons vu que l'intelligence arrêtoit le mouvement de la sensibilité qui est celui de l'imagination ; toute *idée fixée* par l'attention perd le mouvement qu'elle avoit acquis de la sensibilité.

(1) Pinel dans son Traité de la manie.

Q

donné : leur action se fortifie et se perfectionne par l'exercice et la répétition, elle se conserve quelque temps, et peut être troublée par des mouvemens opposés, etc. En un mot, l'organe musculaire est soumis dans ses mouvemens aux mêmes lois que la mémoire, avec cette grande différence, que l'âme n'est jamais avertie des mouvemens de l'irritabilité, tandis qu'elle l'est toujours de ceux de la sensibilité.

Si le mouvement musculaire est intimement lié au mouvement nerveux, le mouvement nerveux l'est aussi plus ou moins au mouvement musculaire, de manière que l'action de la sensibilité sur les mouvemens musculaires lui revient en quelque sorte par le mouvement musculaire. Tel est le jeu de l'homme automate.

§ 4. Mais entre la sensibilité et cette irritabilité qui fait mouvoir l'automate, se trouve placé l'être immatériel qui, fait pour *diriger* les mouvemens de la sensibilité par les lois de la volonté, est destiné à recevoir lui-même son premier éveil de la sensibilité.

§ 5. Ce qui constitue une *passion*, c'est *l'unité du mouvement*, le mouvement passionné semble partir d'un même centre et revenir au même centre, ce qui produit un mouvement, pour ainsi dire, de rotation entre le système nerveux, la volonté, et le système musculaire. Dans la passion la sensibilité, toujours portée sur un même point, entraîne toujours la volonté, qui, imprimant sans cesse aux organes musculaires des mouvemens analogues, réagit ensuite sur la sensibilité, et achève par là un mouvement de rotation, qui se répète ensuite par des forces toujours croissantes.

§ 6. Ce mouvement de rotation peut tellement entraîner la volonté, il peut par quelque vice, dans le système nerveux ou musculaire, devenir tellement rapide et dominant, qu'il en résulte ce qu'on appelle la *manie*. Dans le langage populaire de plusieurs langues, on exprime le mouvement de la folie par l'image d'une roue mise en mouvement, parce que les mêmes mouvemens et les mêmes idées reviennent sans cesse.

§ 7. L'on conçoit comment le mouvement, pour ainsi dire circulaire, de la passion va toujours en augmentant. Le *besoin* excite le *désir* dans l'âme, qui réagissant *sur le système musculaire*, y prépare une action toujours croissante, c'est-à-dire, de plus en plus possible par une force toujours moindre. D'un autre côté, les rapports entre les mouvemens musculaires et les mouvemens nerveux se développent par des jouissances réelles ou imaginaires, comme les rapports entre la sensibilité et la volonté se développent par le désir, et ceux entre la volonté et les mouvemens musculaires, par la répétition des mêmes mouvemens; de manière que les trois agens, la sensibilité, la volonté et l'irritabilité s'engrennent, pour ainsi dire, l'un avec l'autre.

§ 8. Jetez tout-à-coup dans ce mouvement circulaire une réflexion forte, et vous arrêterez l'impulsion de la sensibilité *par un mouvement opposé*, qui, dispersant l'idée dirigeante par le développement de la réflexion, dispersera aussi le mouvement principal en beaucoup de mouvemens partiels. De là naîtra le *doute*, qui, comme un signe de salut, viendra à paroître dans l'âme. La réflexion est une ancre, jetée au milieu de l'orage. L'idée générale par laquelle elle agit peut se disperser dans toutes ses idées individuelles, et arrêter le mouvement par tous ces points. L'homme atteint par la réflexion au milieu d'une passion violente, verra dans l'action, qu'il alloit commettre, une foule de *consé-quences* qu'il n'avoit pas prévues; il oscillera quelque temps entre le mouvement de la sensibilité et la force de la réflexion. Il éprouvera des secousses comme le vaisseau battu par l'orage en éprouve, lorsque ses ancres ont mordu; et si la réflexion tient bon, vous le verrez, après quelques ballottemens, reprendre peu-à-peu le repos; dès lors les réactions auront des mouvemens opposés à l'impulsion de la sensibilité. Chez les âmes foibles ces mouvemens seront encore composés des deux directions opposées; mais l'homme, né pour la vertu, saura, comme le vaisseau échappé à la tempête, reprendre majestueusement la route dont il s'étoit écarté.

§ 9. L'effet immédiat de la culture de l'esprit national est, de donner aux hommes l'habitude d'attacher le mouvement de la sensibilité à quelque idée directrice un peu généralisée, ce qui prépare toujours à la réflexion. Le besoin de la prudence, par conséquent de la prévoyance et de la réflexion, est augmenté par les *lois positives,* suprêmes régulatrices de tous les mouvemens de la sensibilité nationale : les lois deviennent peu-à-peu la *raison nationale*, on est obligé d'y penser sans cesse et d'agir sans cesse par elles. L'on voit que l'esprit des lois passe peu-à-peu dans le caractère national, qui devient vil ou généreux selon l'esprit de la constitution. Si c'est la terreur qui commande tout sera avili ; si c'est la vertu qui domine tout sera grand ; si c'est la modération tout sera heureux ; si c'est l'honneur qui dicte ses lois, on verra les défauts même prendre l'allure des vertus nationales.

§ 10. Ce que l'homme civilisé comprend le moins, c'est l'homme de la nature livré à toute sa sensibilité et à toute son imagination. Chez l'homme sauvage tout est passion, mouvement, éclair ; et comme les mouvemens simples sont toujours plus promptement achevés que les mouvemens composés, il en arrivera que dans les intervalles des mouvemens passionnés de l'homme sauvage, le calme sera parfait, et le repos comme chez l'animal, sera le sommeil même. Avec de tels hommes, le choc des passions contraires sera tellement violent, que la mort ne suffira pas à éteindre les ressentimens qui passeront d'une génération à une autre. L'homme de la nature sera bienveillant ou féroce, selon qu'on aura su lui plaire ou lui déplaire. Il sera parfaitement bon tant qu'on ne s'opposera à aucune de ses volontés, mais il será terrible ou perfide aussitôt qu'on l'aura choqué dans ses passions. Il aimera avec excès sa liberté personnelle, parce que, n'agissant jamais que par la sensibilité, tout ce qui chez lui attente au sentiment lui semble anéantir la vie même. Moins il a d'idées, plus ses passions seront courtes et terribles, et,néanmoins ce même homme porte dans soi le germe de la raison, des sciences et de toutes les vertus sociales : tant l'être sensible et pensant renferme dans les profondeurs de son âme de choses non développées !

CHAPITRE XII.

Comment le sentiment vient à s'éteindre.

§ 1. *Le sentiment s'éteint de quatre manières.* § 2. *Par la jouissance, il s'éteint avec le besoin qu'il avoit fait naître.* § 3. *Il s'éteint par la réflexion.* § 4. *Il se perd dans les passions secondaires.* § 5. *Il se perpétue en s'alliant à l'harmonie et aux idées morales.*

§ 1. Nous avons suivi le sentiment dans sa naissance, c'est-à-dire dans son état de sensation. Nous l'avons ensuite observé comme cause motrice des idées, et dans ses développemens nous l'avons vu produire les passions et la folie. Pour achever son histoire, nous allons faire celle de sa mort.

Le sentiment s'éteint de quatre manières.

1. Par la jouissance complète, qui éteint le désir.

2. Par la cessation du *besoin* qui fait naître le désir.

3. Par la réflexion.

4. Le plus souvent les passions primitives se perdent dans les passions secondaires.

§ 2. Je l'ai déjà indiqué, et l'on verra plus bas, que le mot sentiment est synonyme de désir ; le désir, placé entre le besoin excitateur, et la jouissance, parcourt tous les points intermédiaires entre ces deux points extrêmes. Le premier éveil du désir est dans *l'espérance*, c'est-à-dire dans la *jouissance imaginaire*, qui sans cesse anime et excite le désir. Aux jouissances imaginaires succèdent les jouissances réelles, qui finissent le drame dans la jouissance *complète*, où tout s'éteint. La passion qui s'éteint dans la jouissance complète, s'éteint réellement dans le besoin qui l'avoit fait naître : c'est ainsi que la faim et la soif s'éteignent après avoir produit le désir de boire et de manger, et avoir obtenu la jouissance complète, laquelle fait taire le besoin excitateur.

Le sentiment peut s'éteindre dans le besoin qui l'avoit fait naître sans avoir jamais passé par la jouissance. Un long amour peut être atteint par la vieillesse, et mourir en deçà comme au delà de la jouissance.

§ 3. La réflexion est assez mal famée dans son office d'arrêter les passions ; mais c'est à tort ; elle est presque toujours victorieuse lorsqu'on l'emploie à propos, et l'adage de *principiis obsta* est aussi vrai qu'il est vulgaire. Lorsque la théorie des passions sera mieux connue, il sera plus aisé de les dompter, puisqu'instruit de leurs véritables symptômes, on saura y appliquer les remèdes aussitôt qu'on en aura la volonté. Je sais qu'il y a tel période d'une passion où l'on ne veut plus être guéri : alors rien ne guérit que la jouissance complète, mais plus souvent encore le malheur extrême.

§ 4. Nous verrons dans la suite que les *passions primitives* émanées des premiers besoins, dans l'état de société, se changent en *passions secondaires* ; c'est-à-dire en passions *pour les moyens*, qui, le plus souvent absorbent la vie entière de l'homme ; de manière que la passion primitive finit enfin comme le Rhin dans les sables de ses rivages.

§ 5. L'éternité du sentiment est dans les idées morales, qui loin d'éteindre la sensibilité, l'élèvent, l'anoblissent, et la font participer au don de l'immortalité.

L'harmonie née de la beauté, l'harmonie placée, pour ainsi dire, entre l'intelligence et la sensibilité, semble donner de l'âme aux sens mêmes; et Mozart, Raphaël, Phidias et Homère ont su immortaliser l'idée si fugitive de la grâce et de la beauté, en l'associant à l'harmonie, qui semble destinée à être la compagne inséparable de l'intelligence et de la perfectibilité de l'homme.

CHAPITRE XIII.

§ 1. *Si les idées morales sont susceptibles de démonstration.* § 2. *Développement prodigieux de quelques idées.* § 3. *Il laisse entrevoir la possibilité du développement des autres idées.* § 4. *Ce que nous ne savons pas prend la forme et les prétentions d'une vérité, aussitôt que l'énoncé de l'ignorance a pris la forme d'une proposition.*

§ 1. AVANT d'achever ces dévelopemens, je dirai un mot sur la question : si les idées morales sont susceptibles de démonstration.

Toutes les idées sont susceptibles de formes logiques; on peut tout réduire en syllogismes, et prouver tout ce qu'on veut d'après les formes, et sur des données admises. Mais est-ce là ce qu'on doit entendre par démonstration? Je ne le crois pas.

Sans entrer dans des détails, qui trouveroient leur place dans l'analise de l'intelligence, je dirai qu'il n'y a que les idées à élémens homogènes, capables d'être décomposées en idées identiques et non identiques. La question, si les idées morales sont susceptibles de démonstration revient donc à celle-ci : les idées morales sont-elles susceptibles d'être réduites en idées identiques? Je ne le crois pas. Les idées morales supposent partout des *motifs* aux actions humaines, et ces motifs, presque toujours fondés sur la sensibilité, n'admettent point cette analise rigoureuse (1).

---

(1) Il y a une meilleure raison à donner. Les idées de l'imagination, toujours émanées de la sensibilité, sont à jamais étrangères à la démonstration. Nous avons vu dans tout le cours de cet ouvrage : que les *idées de l'imagination* n'étoient que l'expression des rapports qui se trouvent exister entre la sensibilité et les idées. Ces idées demeurent donc à jamais étrangères à la *vérité*, qui n'est que l'expression des rapports qui existent entre les idées et *les choses*, et non point entre les idées et les sentimens.

Il faudroit, pour la démonstration des idées d'imagination, la connoissance intime de l'homme, de manière à voir à découvert les rapports de la sensibilité avec les objets extérieurs et avec les idées mêmes. Mais tant que j'ignorerois et la nature et la direction des forces de l'imagination, tant que je n'aurois pas éclairci le mystère de la liberté, je ne pourrois établir des règles *à priori* capables de déterminer les mouvemens de l'imagination motrice des actions et des peuples et des rois.

§ 2. Il n'y a jusqu'ici que les quantités discrètes et continues qui soient capables de démonstration. Lorsqu'on réfléchit au prodigieux développement de l'idée de *l'étendue* en apparence si simple et si stérile, lorsqu'on pense que ce développement est celui d'un seul de ces germes d'idées, arrivé par la sensation, puis développé dans les profondeurs de l'âme, on se demande si les autres sensations ne sont pas aussi capables de développement ?

§ 3. Que de mystères dans *l'idée de l'étendue !* que ceux qui ne voient dans l'homme que l'automate cherchent à expliquer la géométrie et l'algèbre par des mouvemens nerveux et musculaires, ils ne feront qu'entasser hypothèses sur hypothèses. Qu'il est bien plus digne de l'être pensant de croire, qu'il y a mille choses que nous ne savons pas encore, et que c'est plutôt en élargissant la

---

Ce que l'homme impassible, le prétendu sage peut faire est si rare et si nul, que ses actions (si tant est qu'il puisse en faire) ne seront jamais d'aucune importance dans la masse des événemens, et qu'il faudra toujours, pour conduire les hommes, avoir recours à l'imagination.

Les idées faites pour servir à la conduite des hommes ne sont capables de démonstration que pour autant qu'elles sont soumises au calcul des probabilités.

pensée qu'en la rétrécissant que nous pouvons nous flatter d'atteindre par la pensée à l'immensité de la nature ! La réflexion, et plus encore la méditation, ne font que développer la *pensée intérieure* toujours éveillée par les sensations ; et cette pensée c'est la *connoissance de l'univers !* Que cet univers soit ou ne soit pas, déjà nos foibles connoissances semblent indiquer une tâche immense, et ouvrir à l'être pensant une carrière sans limite et un développement sans bornes.

J'aime à croire que toutes les sensations, et même tous les sentimens, qui ne sont encore que des sensations, laissent dans l'âme des traces destinées à se développer un jour. Ce que je sais est si peu de choses en comparaison de ce que j'ignore, que ce qu'il y a de moins vraisemblable à trouver un jour derrière la toile qui couvre l'avenir, c'est le néant. Le néant est le triste rêve de l'ignorance, tandis que la vie et l'existence sont la réalité de cette nature immense et infinie, dont la puissance n'a de limites que celles de l'être même.

§ 4. Nous ne réfléchissons pas assez, que les opinions nées de l'imagination, opinions qui ne sont que l'œuvre de notre ignorance, vont quelquefois se placer à côté des opinions acquises par l'expérience et la réflexion, et prendre insolemment la place d'une vérité. Ce que nous ne savons pas acquiert chez le vulgaire, le poids d'une opinion positive, aussitôt que nous l'avons su réduire *dans les formes d'une proposition*; de manière que la science positive est comme enfermée dans un cercle de préjugés et d'assertions téméraires, qui de tous côtés bornent l'horizon de la pensée, et font barrière aux progrès de la science. Tel est le préjugé de la mortalité de l'âme fondé sur la prétendue ignorance de son immortalité. Quand il s'agit de la mort ou de la vie, de l'existence et de la non existence, il vaut au moins la peine de briser quelques erreurs.

Je ne sais si nos idées de cause et d'effet ne seront pas un jour échangées contre celles d'une harmonie universelle. En réalité, nous ne voyons dans ce qui n'est pas identique, dans ce qui n'est que d'expérience, qu'une constante correspondance d'action, que nous pouvons tout aussi bien appeller *harmonie* que *cause*.

Il y a une harmonie entre l'âme et le corps, il y a harmonie entre la pensée et le mouvement, il y a harmonie entre la connoissance que nous avons des choses et les choses mêmes, on peut concevoir l'attraction universelle comme une harmonie universelle : et cette hypothèse qui présente de grandes pensées et de nouveaux points de vue, est pour le moins aussi claire que l'idée de de cause et d'effet. Les opinions de ce genre ne sont que des pierres d'attente, où il n'est pas permis de placer aucune décision positive.

Hope humbly then, with trembling pinions soar
Wait the great teacher death, and god adore.
Pope, *Essay on man.*

SECTION SECONDE,

SECTION SECONDE.

LES IDÉES (1).

CHAPITRE PREMIER.

Ce qui distingue les idées des sentimens.

§ 1. *Dans le domaine de l'imagination, l'idée a toujours une tendance déterminée.* § 2. *L'idée est le guide naturel du désir.* § 3. *Elle nous instruit de ce qui est extérieur à l'homme.* § 4. *Le sens de la sensibilité contient un grand nombre de sens particuliers.* § 5. *Les sensations des cinq sens n'agissent jamais sans mettre en mouvement quelqu'organe du sixième sens.* § 6. *La plupart des sentimens sont inaperçus par la réflexion.* § 7. *La vivacité des idées suppose une juste intensité dans les mouvemens de la sensibilité.* § 8. *La réflexion calme ces mouvemens.* § 9. *Les idées donnent plus de*

---

(1) J'entends par *idée*, les sensations *conservées* des cinq sens, avec toutes les métamorphoses qu'elles peuvent subir, soit par l'abstraction, le développement ou l'action de la sensibilité, etc.

R,

clarté dans l'esprit que les sentimens. § 10. *Si les désirs trouvoient leur accomplissement dans l'organisation, les idées au lieu de se développer seroient paralysées.* § 11. *Les philosophes mêmes n'apérçoivent la vie que dans les idées, c'est-à-dire dans les signes de la sensibilité; plusieurs voient l'âme dans la matière.* § 12. *Les idées sont la matière première du travail des beaux-arts, mais la sensibilité est l'âme des beaux-arts. La vérité poëtique est la justesse de l'expression du sentiment moteur.*

§ 1. Continuons notre analise. Nous avons dit que l'imagination étoit l'action de la sensibilité sur les idées, et la réaction de ces dées sur la sensibilité, ou sur les organes.

Nous venons de faire voir, que ce que nous appellons *sensibilité* suppose un *sens distinct des cinq sens*, et un *organe* approprié aux sensations de ce sens, qui, présentant des phénomènes qui lui sont propres, doit être classé à part.

Pour rendre la différence que nous venons de remarquer entre le *sentiment* et *l'idée* plus évidente, développons maintenant les caractères qui distinguent les *idées*.

A tout mouvement de sensibilité est attaché un plaisir ou une douleur, un désir ou une crainte, toujours suffisans pour mettre en mouvement les *idées*, et exciter par là les phénomènes de l'imagination. Si rien ne trouble le mouvement du désir, les idées, que ce désir aura excitées, meneront à la jouissance. J'ai soif ; le désir de boire réveille *l'idée d'une boisson*, et s'il est en ma puissance de boire, *l'idée* placée, pour ainsi dire, comme un fanal entre le désir et la jouissance, me fera trouver quelque part l'objet de mon désir, et épuiser par une jouissance complète l'activité du besoin excitateur. Il faut observer qu'en étendant l'acception du mot *désir*, on peut dire que tout sentiment, même un sentiment douloureux a son *désir*, c'est-à-dire sa *tendance à un mouvement de préférence*.

§ 2. Entre le désir et la jouissance sont placées les *idées*. Or, nous avons vu que les sensations *des cinq sens* étoient destinées à nous instruire des *objets extérieurs* à l'homme, tandis que le sens de la sensibilité nous instruisoit de nos besoins intérieurs. L'on voit donc que les idées, destinées à nous faire connoître ce qui n'est pas nous, peuvent seules servir à nous guider dans ce que nous appellons *action*. L'action ayant toujours pour *objet* ce qui est *extérieur à nous-mêmes*, ne peut être guidée que par les *idées* destinées à nous faire connoître les objets placés hors de nous.

§ 3. Sans doute que les sensations du sixième sens peuvent s'appeller *idées*, en tant qu'elles produisent aussi *des modifications dans l'âme*, excitées par l'impression d'un objet extérieur à l'âme ; mais je les distingue des idées des cinq sens, parce qu'elles ont des caractères tout-à-fait distincts.

Le premier de ces caractères, c'est que les idées de sensibilité, les *sentimens* nous instruisent d'un objet, qui aux yeux des psychologistes est étranger à l'âme, mais ne l'est pas aux yeux du vulgaire, qui ne sauroit comprendre comment ses propres organes pourroient être *extérieurs* à lui-même. Les idées des cinq sens au contraire ne nous instruisent que des objets extérieurs à l'homme, extérieurs non-seulement à son âme, mais même à ses organes, et c'est là le premier caractère des *idées* lorsqu'on les compare avec ce que nous appelons *sentiment*.

§ 4. Je ne doute pas que tout ce qui, dans nos organes, peut exciter une sensation, ne l'excite en vertu de lois constantes appropriées à ces organes. Si nous connoissions mieux l'organisation de notre corps, ou plutôt le jeu de cette organisation, sans doute que le sens universel de la vie se diviseroit en beaucoup de sens, dont chacun se trouveroit avoir une destination particulière On auroit un sens pour la faim, un pour la soif ; on distingueroit peut-être les rouages des grandes passions ; on donneroit un nom aux organes de la tristesse, de la joie, de l'envie, du mépris, du désespoir ; et ces passions se liroient sur les traits intérieurs de l'homme, comme elles se lisent déjà sur les traits de la physionomie. Quand je parle de la distinction des organes, je ne veux pas dire, que, ce qui appartient au mouvement de chaque sensation, soit séparé par paquets dans le corps humain ; la distinction dont je parle n'est que pour la pensée ; elle n'est que dans *l'effet* qui suppose toujours une cause particulière, distincte de toute autre cause.

§ 5. Les organes de tous les sens quelconques font partie du système nerveux, lequel est lui-même le sens universel qui, d'un côté excite des sensations dans l'âme, tandis que lié aux muscles, pour ainsi dire, par l'extrémité opposée, il exécute par leur moyen les ordres de la volonté. Il est à croire que l'organe d'aucune sensation ne joue seul. Quand je regarde un objet, non seulement, le sens de la vue crayone cet objet dans l'âme, mais des sensations de sensibilité, à peine aperçues, y produisent des *mouvemens simultanés*, qui le plus souvent échappent à la connoissance du *moi*. C'est ainsi qu'un caillou tombé dans le calme des eaux, forme autour du point où il est entré, ces cercles concentriques qui s'affoiblissent en s'éloignant du centre dont ils sont partis. Le centre immobile c'est *l'idée* toujours la même, et les cercles qui s'agitent autour de lui, ce sont les mouvemens de la sensibilité, excités par l'impression, je dirai presque par la chute de l'objet sur les sens.

Ces sensations, *latentes* de plaisir ou de douleur, confondues par l'âme avec les *idées* évidentes et lumineuses liées avec elles, n'apparoissent à l'esprit que sous la forme de *modifications*, et comme faisant elles-mêmes *partie* de ces idées.

§ 6. Moins les sensations de sensibilité sont remarquées dans l'âme, et plus elles y sont puissantes. La raison en est qu'elles échappent par là aux regards de cette intelligence, dont l'office est toujours d'arrêter les mouvemens de la sensibilité. Dans le jeu de l'imagination, l'âme ne remarque guères que les *idées* mises en mouvement par le sentiment moteur ; ce sont toujours les *idées* qu'elle fixe de préférence aux sentimens qui les font mouvoir.

Il n'y a rien de plus rare que de sonder le sentiment dans le sentiment même. On peut se *livrer* à un sentiment, mais on ne peut que bien rarement observer un sentiment très-vif, parce que le mouvement de l'observation se prenant toujours sur celui de la sensibilité, il devient impossible d'observer les passions qui se sont emparées de l'âme toute entière.

Le *mouvement* semble appartenir à la sensibilité, et *l'évidence* aux idées des cinq sens. Un mouvement modéré de sensibilité peut *animer* les idées, et un mouvement accéléré peut les *éteindre* dans le sentiment qui les a éveillées (1). Un sentiment peut être tellement dominant qu'il précipite les idées au point de priver l'homme de toute *lumière :* ce qu'en

---

(1) Exagérez la colère de quelqu'un, et vous le verrez se calmer. Montrez-vous trop d'amour ? Le sentiment, que vous laissez apercevoir au delà de celui qu'on a pour vous agit, en sens contraire. Je sympathise avec votre ressentiment, mais si je viens à dépasser votre haine, je vous calme. Dans tous ces cas, la sensibilité est comme froissée et blessée par un mouvement trop violent. Si d'un autre côté je ne sympathise *pas assez* avec votre sentiment, mon calme vous blessera. Il y a un art à être en sympathie avec les mouvemens des autres qui fournit d'inépuisables sources d'observations intéressantes.

style vulgaire on appelle *perdre la tête*. Dans les grands dangers par exemple, alors que la crainte a glacé tous les cœurs, nous voyons l'homme à sang-froid devenir par son calme le maître des âmes timides. Nous voyons de même quelquefois un peuple, ému par une impulsion aveugle, s'appaiser à *la simple vue* de l'homme exempt de passions.

« Ac veluti magno in populo cùm sæpe coorta est
» Seditio, sævitque animis ignobile vulgus;
» Jamque faces et saxa volant; furor arma ministrat :
» Tum pietate gravem ac meritis si fortè virum quem
» Conspexere, silent, arrectisque auribus adstant;
» Iste regit dictis animos, et pectora mulcet. »

Virgile, *Énéide*, lib. I.

§ 8. L'habitude de la réflexion produit chez les nations civilisées cette supériorité de raison, et ce calme que dans l'état de nature l'organisation seule peut quelquefois donner.

Il est tellement vrai que la réflexion tempère les mouvemens de la sensibilité, qu'elle peut ralentir même la circulation excessive du sang. Dans les passions qui en arrêtent la circulation, comme par exemple dans la peur, elle peut au contraire la ranimer au point de rétablir l'équilibre des organes, que la passion avoit altéré.

§ 9. J'ai dit que, ce que j'appelle *les idées*,

provenoit des sensations destinées à nous instruire de ce qui se passe au dehors de nous, voilà pourquoi les idées, faites pour servir de *lumière* à nos actions, se trouvent avoir une plus grande *clarté* que ne peuvent avoir ce que nous appellons les sentimens. Le mouvement plus calme des idées permet à la réflexion de les *fixer*, et de les douer de cette existence permanente, je dirois presque de cette seconde vie que les idées doivent au langage.

§ 10. Si l'on venoit à retrancher les *idées* à l'automate, et si en même temps on lui donnoit ce qui suffit pour le faire subsister, on en feroit une espèce d'huître, un animal immobile puisqu'il n'auroit aucune raison de se mouvoir. Que si on venoit à le placer loin de ce qui le fait vivre, il périroit *faute d'idées conductrices* capables de lui procurer les moyens de pourvoir à ses besoins. En vain les appétits viendroient agiter ces hommes sans idées et sans lumières ; privés à la fois de tous les moyens de *s'approprier* les objets extérieurs nécessaires à leur existance, leurs appétits seroient mortels pour eux. Mais la nature est venu placer les *idées* entre le désir et la jouissance, entre les appétits et les objets de ces appétits, et nous vivons. Les cinq sens, semblables aux antennes des insectes, avertissent l'homme de ce qui peut l'intéresser à de grandes distances et de temps et d'espace. Si l'homme n'eût été destiné qu'à vivre en automate, sans doute que la nature eût su placer ce qu'il faut pour le nourrir, comme elle a su placer la feuille sous le jeune ver qu'elle fait vivre. Tout annonce que le but de la vie est d'exciter, par le jeu des organes matériels, l'organe plus subtil de la pensée, auquel l'automate matériel ne peut servir que d'enveloppe, et qui, sans doute, porte en lui-même les futures destinées de l'être pensant et sensible.

§ 11. Les *idées* sont l'objet, je dirai presque l'étoffe du travail de l'intelligence. Les *sentimens* trop mobiles, trop obscurs, étrangers au langage, semblent ne présenter à la pensée que l'idée vague d'un *mouvement*, dont à peine on distingue la direction, (c'est-à-dire les effets) dont on ne peut calculer la vitesse ni découvrir l'origine. Toutes nos sciences ne s'occupent que des *idées* des cinq sens ; et la psychologie même ne se montre à nous que sous la forme hiéroglyphique d'images tirées des cinq sens. Ouvrez les livres des premiers psychologues modernes ; la plupart n'ont vu la pensée que dans des fibres supposées. D'autres plus modernes ont voulu abstraire, classer et faire des nomenclatures avant d'avoir observé. Les ténèbres de la philosophie Allemande semblent avoir fait préférer aux penseurs les explications mécaniques. Des hommes, plus exercés dans les sciences physiques et physiologiques que dans l'art de s'observer soi-même, se flattent de trouver quelque lumière dans un matérialisme positif, plus obscur qu'aucune philosophie de Kant; et faisant de l'homme un automate, ils expliquent tout par les lois de la matière; tout, excepté la pensée. Que s'ils viennent à s'apercevoir de ce défaut, ils supposent quelque qualité occulte de la matière, qui leur suffit pour prendre tous les phénomènes de l'âme et de l'esprit comme en croupe de leurs hypothèses.

§ 12. Les *idées* semblent aussi être le sujet et pour ainsi dire la matière des beaux-arts. Mais *l'expression* des *idées*, l'imitation pure, ne suffit pas; les beaux-arts, étant le langage de l'imagination, doivent exprimer *tout* ce qui appartient à l'imagination, et ne pas oublier *l'harmonie* qui est l'âme de cette faculté.

L'âme des beaux-arts réside toute entière dans la sensibilité, et c'est à exprimer le sentiment et non (1) les idées, que tendent tous les efforts de l'art. Dans les beaux-arts, les idées doivent être subordonnées au sentiment, tandis que dans le domaine de l'intelligence les sentimens sont subordonnés aux idées.

Tout ce qui sert à peindre le sentiment, tout ce qui est d'accord avec la sensibilité motrice, est *vrai* dans les beaux-arts. C'est par la vérité de *l'expression du sentiment moteur* que tous les cœurs sont émus, et de cette douce émotion de la sensibilité naît l'harmonie, qui est l'âme de la beauté.

L'on voit encore ici la grande distinction entre l'imagination et l'intelligence. L'imagination dans les beaux-arts ne s'attache qu'à peindre le sentiment, tandis que l'intelligence toujours étrangère à la sensibilité, ne s'attache qu'aux *idées*. L'une de ces facultés s'occupe de ce qui est *beau*, et l'autre de ce qui est *vrai*.

§ 13. Un autre caractère qui marque la différence des sentimens d'avec les idées, c'est que les *sentimens* se manifestent presque toujours *par quelque mouvement lié aux besoins*

---

(1) Un des caractères de la mauvaise musique est de vouloir *tout peindre* et de s'attacher aux *idées*, plutôt qu'au sentiment. La bonne musique au contraire en nous faisant tout *sentir*, est bien sûre de nous faire tout *penser*.

de l'organisation, tandis que la marche des *idées* est plus indépendante des besoins, et peut s'élever d'*idée en idée* par les lois qui ne sont propres qu'à l'intelligence.

CHAPITRE II.

Ce que c'est que le sentiment moteur.

§ 1. *Les sentimens sont des sensations très-composées.* § 2. *Il y a des rapports naturels entre les idées et les sentimens.* § 3. *Il y a de plus des rapports acquis par les lois de l'association des idées.* § 4. *Les idées sont mues par des sentimens assez distincts pour être aperçus comme sensations de plaisir ou de douleur.* § 5. *Les idées paroissent avoir entr'elles des rapports en vertu desquels l'une s'associe mieux avec telle idée qu'avec tout autre.* § 6. *Le désir excite les idées parce que son objet est au dehors de l'homme.* § 7. *Les désirs ne s'éteignent qu'avec la sensibilité.* § 8. *Naissance et développement complet du sentiment moteur.* § 9. *Cause finale de l'imagination.* § 10. *Importance de l'idée dirigeante.*

§ 1. Il est de la plus grande importance dans la théorie de l'imagination, de se faire une idée juste du sentiment moteur. Maintenant que l'analise de l'imagination a été poussée au point de distinguer nettement les *idées* des *sentimens*, je vais donner le développement complet de ce que j'appelle *sentiment moteur*.

Le premier élément du sentiment moteur est une sensation de l'organe si varié de la *sensibilité*. Ces sensations élémentaires portent plus ou moins avec elles ce que nous appelons *plaisir* ou *douleur*. L'âme n'ayant connoissance de ces sensations que par le plaisir ou la la douleur, on conçoit que les sensations *indifférentes*, privées de ce caractère, ne peuvent point exister *pour elle,* ou, du moins, n'arrivent pas à sa connoissance.

Sans doute que les sensations de la sensibilité ou du sixième sens, aperçues par l'âme, sont elles-mêmes très-composées ; l'extrême finesse, que nous pouvons supposer aux élémens nerveux, le feroit soupçonner. Nous pouvons encore le supposer d'après ce que nous savons des cinq sens. Que de rayons de lumière ne faut-il pas pour produire *une* sensation de lumière ? Et l'on sait qu'il faut un grand nombre de vibrations pour produire la sensation d'un son. Il faut de plus qu'une sensation ait une certaine *durée* pour devenir une *perception*.

Ces sensations élémentaires ont des rapports avec les *idées*. Ces rapports sont naturels ou acquis.

§ 2. Il est à croire qu'il existe des rapports *naturels* entre nos appétits et les idées propres à faire connoître, et à procurer réellement ce que ces appétits exigent. Il y a sans doute des rapports préordonnés entre le *sentiment* de la faim et *l'idée* des alimens, entre le sentiment de l'amour et l'idée d'une femme. L'enfant nouveau né trouve tout seul le sein de sa mère, et le jeune homme distingueroit une femme parmi tous les êtres de la création (1).

§ 3. Il y a de plus des rapports *acquis*,

---

(1) Pourquoi chaque sentiment auroit-il ses idées de préférence, s'il n'y avoit pas des rapports (à la vérité bien mystérieux) entre le sentiment et les idées. Qui n'a pas senti le besoin de dire ce qu'aucune parole du langage ne pouvoit exprimer. Ce besoin n'indique-t-il pas, un rapport non développé du sentiment avec des idées qui ne sont pas nées encore? Le premier des orateurs, Cicéron, n'a-t-il pas dit, qu'il n'avoit jamais atteint cette perfection de l'éloquence qu'il *sentoit* exister au-dedans de lui? Quel est le sens de cet aveu? si ce n'est qu'il sentoit au-dedans de lui-même des *rapports* non développés, mais réellement existans, entre le sentiment et la pensée?

Ces rapports préexistent donc dans l'homme, ils se développent à mesure que les sensations et les sentimens viennent à naître, tous ont, pour ainsi dire, la forme de l'espèce, mais avec des variétés presqu'infinies. De là vient que le développement du genre humain se fait à peu près sur une même ligne, dont les déviations ne dépassent jamais certaines limites.

nés de l'association des idées, rapports qui en partie découlent des rapports primitifs, en vertu desquels telles idées ont probablement plus de disposition à s'associer avec telle idée qu'avec telle autre. Je me souviens des lieux où j'ai été avec la personne que j'aime : si ce lieu étoit un jardin, je me rappellerois mieux les fleurs que j'y ai vues, que la couleur du sol de ce jardin, parce que les fleurs auroient plus de rapport avec le sentiment qui me domine.

C'est en vertu de ces rapports primitifs que les sensations de sensibilité excitent de préférence telle idée à telle autre, et en meuvent les organes avec des intensités et des vîtesses qui souvent répétées forment peu-à-peu le caractère de l'imagination de l'individu.

§ 4. Jusqu'ici nous n'avons parlé que des *premiers élémens* d'un sentiment. Il en faut sans doute un grand nombre pour produire une sensation complète assez prononcée pour éveiller la conscience de l'âme. Cette sensation de peine ou de plaisir, sera donc déjà le résultat d'un grand nombre de sensations élémentaires : car il est à croire que plusieurs de ces élémens agissent à la fois sur l'âme. Le *résultat* de leur action simultanée, devenue une

une action visible , sera la somme de leurs forces, moins ce qui peut en avoir été détruit par l'opposition de ces forces entr'elles. C'est ce mouvement déjà composé, intimement lié avec quelques idées d'affinité, que j'appelle sentiment moteur.

§ 5. C'est à ce sentiment émané du mouvement même de la vie, qu'est dû l'*éveil des idées*. Les idées destinées à nous donner connoissance de ce qui se passe hors de nous, sont aussi des puissances ; elles aussi ont entr'elles des rapports naturels et des rapports acquis, dont les forces divergentes ou concurrentes peuvent produire des résultats très-variés.

Chaque idée ayant son organe, on conçoit que ces organes ont entr'eux des *rapports*, en vertu desquels une idée a plus de facilité à s'associer avec telle idée qu'avec toute autre. Qui n'a pas éprouvé qu'on a plus de disposition à retenir telle série d'idées que telle autre ? Toutes les idées ont des dispositions à agir l'une sur l'autre, mais avec plus ou moins de succès ; et toutes peuvent être associées ensemble, chaque fois que les conditions requises à cette association ont lieu.

§ 6. Un grand nombre de nos sentimens

élémentaires tient immédiatement ou médiatement à nos appétits. J'ai faim. Le premier *mouvement* de cet appétit a son origine dans un certain *état de l'organe*. Comme l'âme n'éprouve pas la sensation d'un son à la présence d'une seule vibration, sans doute que les premiers mouvemens d'un *appétit naissant* ne sont pas sentis. Mais enfin, la sensation de la faim devient assez prononcée pour arriver avec quelque clarté à l'âme ; dès-lors l'*idée* de *tel* ou *tel aliment* sera excitée de préférence à toute autre idée. Cette *idée* semblable à un guide, trouvé dans le labyrinthe de l'âme, cette idée, instruite de ce qui existe *hors de nous*, est ce qui conduit le désir à son objet et par l'objet à la jouissance, et donne à l'homme les moyens de vivre, et le plus souvent la nécessité de *penser*, et d'exercer toutes les puissances de son âme.

§ 7. Les besoins de l'organisation, que j'appelle *appétits*, sont continuels, et non interrompus durant le cours entier de la vie. J'ai besoin de mouvement ou de repos ; chaque position de mon corps me donne le *besoin* de tel mouvement ou de tel autre. Suis-je assis ou couché, tout mon corps s'arrange suivant l'attitude que j'ai prise. J'ai besoin de chaud ou de froid ; j'ai besoin de penser, d'agir ou de ne rien faire ; et si j'avois le malheur d'être sans aucun besoin, j'arriverois à ce sentiment affreux qui fait que l'on préfère la mort réelle à cette mort vivante, où l'âme, paralysée dans tous ses désirs, n'existe plus que pour la douleur et les supplices.

L'on conçoit donc que l'imagination n'est jamais entièrement oisive, et que, durant tout le cours de la vie, elle influe sur nos pensées et sur nos actions, qui, même chez l'homme le plus raisonnable, vont d'un mouvement toujours plus ou moins composé d'imagination et d'intelligence.

§ 8. On peut dans le sentiment moteur distinguer trois choses, ou plutôt trois époques.

1.° Le mouvement élémentaire de plaisir ou de douleur, dont l'âme n'a aucune connoissance quoique peut-être elle en éprouve quelqu'impression. Nous avons vu d'après Leibnitz que l'âme ne pouvoit pas avoir la conscience de toutes les modifications qui lui arrivent.

2.° Si ces mouvemens élémentaires ont assez d'intensité et de durée, l'âme éprouvera une sensation sourde, qui ne sera liée à aucune idée distincte. C'est sans doute cet état de désir vague qui produit ce que nous appellons *humeur*, c'est-à-dire une *disposition* à certaines pensées conformes au sentiment sourd qui nous agite. Quelquefois les désirs les plus violens, lorsqu'ils ne sont pas fixés ou concentrés sur un objet, produisent ces mouvemens vagues de l'esprit et du cœur si bien peints dans le charmant roman de René.

3.° Enfin le *sentiment associé à une idée dirigeante*, motrice d'autres idées, compose l'état de l'âme, que l'on exprime le plus souvent par le mot de *sentiment*; lorsqu'on dit qu'on a un *sentiment d'amitié, d'amour, de haine, de pitié*, etc., pour quelqu'un.

§ 9. La nature paroît avoir eu deux objets en vue dans le développement de l'imagination; l'un de donner à l'homme, par le secours des idées dirigeantes, les moyens de se nourrir et de vivre; l'autre de donner de la vie à l'âme par l'éveil des idées, et de produire le développement du sentiment et de la pensée par le moyen de l'harmonie de la réflexion.

On conçoit que sans la connoissance de ce qui est hors de nous, l'homme eût péri en naissant, et sans le sentiment de l'harmonie, son âme, toujours agitée par les besoins de l'automate, n'eût jamais commencé ce développement de l'intelligence qui semble le présage de ses hautes destinées.

§ 10. *Le sentiment moteur est donc un sentiment, associé avec une idée, à laquelle il communique son mouvement comme à l'idée dirigeante.*

Il est de la nature de l'homme d'être guidé par les idées, et de n'être pas immédiatement mu par la sensibilité; tout ne semble-t-il pas indiquer que la nature veut chez l'homme l'éveil de la pensée.

Le choix des idées dirigeantes est de la plus grande importance ; c'est ce choix qui, bien souvent, produit une série d'actions capable de bouleverser tout le système de l'organisation. L'idée est quelquefois une détente qui occasionne de grandes explosions (1).

---

(1) Voici un fait tiré de la Bibliothèque Britannique, n.° 244.

« En 1778, je fus appelé à Lyon, dit un célèbre médecin,
» pour voir une Dame qui avoit tout d'un coup été atteinte de
» vapeurs semblables à la démence. Elle étoit mère d'un enfant
» de trois à quatre mois, qu'elle nourrissoit, lorsqu'un matin,
» en se réveillant, elle se trouva dans une agitation extrême, et
» tint plusieurs propos qui annonçoient un très-grand désordre
» dans l'esprit. On envoya chercher un médecin, qui lui fit ôter
» son enfant, la fit transporter dans une autre maison que la
» sienne, et finit par conseiller de la placer dans une espèce
» d'hospice, où l'on recevoit des aliénés. Quand j'arrivai, mon
» premier soin fut de m'informer exactement de toutes les cir-
» constances de la maladie. En cherchant à saisir la filiation de
» toutes les idées prédominantes qui l'occupoient, je parvins à
» découvrir que la nuit, qui précéda son aliénation, elle avoit

CHAPITRE III.

Les phénomènes de l'imagination sont contraires à l'idée de la matérialité de l'âme.

§ 1. *L'imagination éveille l'intelligence par l'harmonie qui développe la sensibilité.* § 2. *L'unité dans le multiple exclut la matérialité de l'âme.* § 3. *L'idée d'un avenir sans bornes semble le présage d'une vie à venir.*

§ 1. Nous avons dit que l'harmonie excitoit l'activité de l'âme par le plaisir; elle fait plus;

» fait un rêve dans lequel elle avoit cru voir sa belle-mère s'ap-
» procher d'elle avec un poignard dans l'intention de la tuer. Elle
» avoit dès-lors conçu des préventions les plus sinistres contre
» cette Dame, qui, ne s'en doutant point, avoit contribué à la
» confirmer de plus en plus, par les soins même qu'elle lui avoit
» prodigués. — Cette découverte m'engagea sur-le-champ à lui
» promettre qu'elle ne la reverroit plus, et bientôt elle fut
» guérie ».

Dans ce cas-ci *l'idée dirigeante* avoit commencé le jeu de l'imagination, qui finit par le bouleversement de toute la machine. L'on entrevoit la raison de la prodigieuse influence de la pensée sur tout le système physique et moral de l'homme, où il y a des combinaisons tellement multiples qu'il n'y a pas de destinée bizarre que l'on ne puisse attendre de cette loterie. Si l'habitude de quelques principes philosophiques arrivoit jamais au point de nous apprendre à nous observer nous-même, et à nous conduire

elle développe l'âme même par le moyen de l'imagination, et c'est toujours par les *idées*, mises en jeu par la sensibilité, que ce développement s'opère. En effet, les beaux-arts se forment par degrés, et les grands artistes ne sont jamais complétement compris que par leurs égaux, ou du moins par les hommes dont la culture approche de la leur; ce qui prouve qu'il y a un développement progressif dans tout ce qui tient à l'harmonie et à la beauté. Ce développement semble se faire sur une même ligne; et les hommes de tous les temps et de toutes les nations parcourent plus ou moins la même carrière, et arrivent toujours et partout à des résultats semblables. Partout les nations marchent sur une même route, où il y a des bornes à droite et à gauche, mais qui semble n'en avoir pas devant elle.

§ 2. On ne peut faire deux pas dans la connoissance de l'homme, sans être forcé d'ad-

---

d'après quelques règles nées de cette connoissance de soi-même, que de maux n'éviteroit-on pas !

C'est à l'observation habituelle de soi-même que la psychologie doit tendre, et ce n'est que par la psychologie, que la médecine de l'âme a quelques progrès à espérer.

mettre une substance immatérielle (1). L'unité dans le multiple n'est pas de l'invention des

---

(1) Leibnitz dans son admirable Essai sur l'entendement humain, en parlant de la substance, dit : (pag. 177.) « En dis-
» tinguant deux choses dans la substance, les *attributs* et le
» *sujet* de ces attributs, ce n'est pas merveille qu'on ne peut
» rien concevoir de particulier dans *ce sujet*. Il le faut bien,
» puisque l'on a déjà séparé tous les attributs, où l'on pourroit
» concevoir quelque détail, ainsi demander quelque chose de
» plus dans ce *pur sujet en général*, c'est demander l'impos-
» sible, et contrevenir à sa propre supposition ». C'est à peu près comme si, après avoir ôté les trois côtés d'un triangle, on vouloit savoir ce que c'est que la nature réelle du triangle. Je suis tenté de croire que l'idée de substance, l'idée de ce *centre des attributs* que l'on suppose *réellement exister*, est née du sentiment du *moi*, qui est le véritable *substratum* des rapports et des attributs, c'est-à-dire que, pour *concevoir* les attributs et leurs rapports, il faut les *réunir* dans la perception *commune* de ces attributs et de ces rapports. De ce sentiment du moi et de *l'unité* de cet ensemble, (que je transpose ensuite au-dehors de moi, comme réellement existant) est née l'idée de substance. Leibnitz a défini *l'essence réelle*, *ce qui fait qu'une chose est possible*. On pourroit appliquer cette définition de l'essence à l'idée de substance, que je ne puis avoir que de ce qui est possible, c'est-à-dire de ce qui en soi n'implique pas contradiction. Cette définition s'étendroit aux vérités de fait, comme aux vérités de conception à priori. D'après ces définitions *Dieu seroit la possibilité de l'existence de l'univers*. Cette conception me paroît à la fois simple et féconde en conséquences. Il faut bien que cette possibilité existe, puisque l'univers existe, et comment la *concevoir* sans une cause ordonnatrice intelligente. Nous ne connoissons que deux actions dans l'univers, la pensée et le mouvement. Où placer la possibilité de l'univers si ce n'est dans ce que nous nous représentons comme pensée ? Telle est notre manière de concevoir ces abstractions sublimes.

métaphysiciens, Horace et Boileau (1) y sont arrivés par l'évidence des faits et non par la nécessité des principes. Or rien ne répugne plus à l'idée de la matière que cette unité du multiple. On ne peut concevoir le corps sans l'idée de l'étendue; mais comment concilier l'idée de l'étendue avec la conception de l'unité dans le multiple?

§ 3. Si l'homme n'eût été fait que pour mourir, à quoi bon ce grand appareil d'harmonie et de pensées? Si sa destinée n'est que vers la terre, pourquoi les mouvemens les plus développés de la vie tendent-ils tous vers en haut? Si l'homme ne doit vivre qu'un instant, pourquoi lui ouvrir la vaste et inutile carrière d'un avenir sans bornes?

---

(1) Le Tasse n'étoit pas métaphysicien, et cependant pour peindre la musique la plus séduisante et la plus enchanteresse, il dit : *Tous ces sons si variés sont rendus comme un son unique.*

Vi sente d'un ruscello il roco pianto,
E'l sospirar delle'aura infra le fronde,
E di musico cigno il flebil canto,
E l'usignol, che plora, e gli risponde
Organi, cetre, e voci umane in rime,
Tanti, e si fatti suoni un suono esprime,

Gerus. liberata, Canto 18, Stance 48.

Soyez simple avec art, a dit Boileau dans son art poétique; ce mot renferme de grandes vérités. On est étonné de voir le même Boileau prescrire la *raison* aux poëtes, comme si la *raison* étoit un des élémens du beau. Il ne faut pas choquer les *règles*

CHAPITRE IV.

De la différence entre l'imagination et la mémoire.

§ 1. *La sensation est la source où les deux facultés vont puiser. Quels sont les effets que la sensation produit.* § 2. *La mémoire conserve trois choses dans les idées.* § 3. *La mémoire paroît tenir à la sensibilité.* § 4. *Effet du sentiment moteur sur la mémoire.* § 5. *La mémoire et l'imagination sont deux forces différentes qui peuvent être concurrentes, ou opposées.* § 6. *Les idées se conservent dans la mémoire, par les mots même après que le mouvement qui les avoit associées n'existe plus.* § 7. *L'intelligence se prépare dans le calme, au combat avec les passions.* § 8. *L'imagination agit dans le sens du sentiment présent, la mémoire dans*

---

du beau, et sous ce rapport il faut respecter la *raison* lorsqu'elle dicte ses *lois* au poëte; mais la *raison* même ne peut entrer dans la poésie, comme partie intégrante.

Les *concetti*, que Boileau veut bannir de la poésie, déparent la poésie, non parce qu'ils pèchent contre le bon sens, mais parce que les idées *hétérogènes*, réunies dans les *concetti*, ne pouvant former un accord, sont contraires à *l'unité* de l'harmonie. Supposez que les idées, que vous reprochez au concetti, eussent ce *bel accord*, que l'on admire dans les comparaisons et dans les métaphores de Virgile et d'Horace, alors ces poésies ne seroient plus des *concetti*.

le sens d'un sentiment passé. § 9. *C'est la différence des mouvemens qui fait la différence des deux facultés.* § 10. *La mémoire n'est qu'une combinaison d'idées, les combinaisons de l'imagination sont comme les mouvemens de la sensibilité, multipliés par le nombre des idées conservées dans la mémoire.*

§ 1. L es philosophes plus ignorans que le vulgaire, ont si long-temps confondu l'imagination et la mémoire, que je me permets de développer ici avec quelque étendue les limites qui séparent ses deux facultés.

La source où l'imagination et la mémoire vont également puiser, est la *sensation*.

Tâchons de faire connoître tous les faits qui caractérisent la sensation.

Je vois ce feuillage, et j'éprouve la sensation de la couleur verte. Voyons tous les faits que cette sensation suppose.

J'éprouve *dans l'âme* une modification en conséquence de l'action de la lumière sur l'organe de l'œil, et j'appelle cette modification *couleur verte*. Ce phénomène, si simple en apparence, se trouve avoir produit dans l'organe de la sensation, un grand nombre d'effets.

1.° La sensation peut désormais *reparoître*

dans l'âme *sans l'action de l'objet*, seul capable de produire cette première sensation.

2.° La sensation a développé des rapports dans son organe avec les organes de quelques autres sensations, de manière à pouvoir désormais agir sur ces organes, et être mis en mouvement par ces organes.

3.° La sensation a développé non-seulement les rapports qui constituent la mémoire, mais elle a de plus donné l'être à tous ses rapports avec les autres facultés préexistantes dans l'âme. Dès sa naissance la sensation se trouve assujettie aux lois de l'imagination : c'est-à-dire que son arrivée dans l'âme a suffi pour développer les rapports innés, qui se trouvent exister entre la sensibilité et les idées. L'*idée* une fois née dans la sensation, se trouve soumise à l'influence de chaque sentiment; elle-même exerce à son tour un empire non moins grand sur ces sentimens, le tout selon les lois de l'imagination que nous avons exposées dans la première partie.

4.° La sensation donne l'être aux rapports de l'idée, non-seulement avec la sensibilité, mais encore avec la faculté plus relevée de *l'intelligence*; c'est-à-dire, que la sensation une fois née dans l'âme, se trouve *dès ce moment* assujettie aux lois de l'intelligence. Elle sera dès lors en rapport avec la force de cette faculté appelée *attention;* elle sera capable de développemens, elle pourra recevoir un mouvement opposé à celui de la sensibilité, etc.

5.º Ce n'est pas tout. La *volonté* existe dans l'âme, et l'homme est destiné non-seulement à penser, mais encore à agir. La sensation devenue *idée* se trouvera en rapports immédiats ou médiats avec la force musculaire, exécutrice de la volonté, et tandis qu'elle aura formé des liaisons avec d'autres *idées,* elle en aura commencé avec les mouvemens musculaires, de manière à devenir dans la suite, capable d'exécuter les mouvemens de la volonté. En un mot la sensation, en naissant dans l'âme, se trouve placée à la fois dans tous les rapports de son être particulier.

§ 2. Ces faits posés, voyons ce qui en résulte d'abord pour la mémoire, ensuite pour l'imagination.

Ce que je vais dire suppose l'analise de la mémoire; je ne puis qu'être court, et supposer quelquefois des idées que je n'ai point développées encore.

La mémoire conserve les idées, elle conserve l'ordre de leur association, et leurs intensités relatives.

§ 3. Les sens font naître les *idées* par la sensation, et la sensibilité qui les associe selon ses propres lois, paroît avoir une force conservatrice, que nous appelons *mémoire*.

Le mouvement de la sensibilité ne peut finir qu'avec la vie; ce mouvement, nous le supposons infiniment varié. Voyons ses effets sur la mémoire, c'est-à-dire, observons l'action d'un sentiment moteur sur les idées associées.

§ 4. Si le mouvement *du sentiment présent est opposé* au mouvement *conservateur* de l'association ancienne, cette association sera peu à peu détruite. Si au contraire, le mouvement moteur est *dans le sens* du mouvement conservateur, la mémoire sera augmentée; si ce mouvement se trouve *égal* au mouvement de l'association, la mémoire sera simplement conservée.

En effet, ne voyons-nous pas une passion très-vive donner de grandes *distractions*, et faire *oublier* ce qui lui est étranger. Ne voyons-nous pas au contraire cette passion *raviver* tous les souvenirs qui lui plaisent, et *conserver* tout ce qui ne lui est pas contraire?

§ 5. La *force* de la mémoire peut donc être

représentée par une quantité finie. Tant que cette force de mémoire est dominante, l'âme agit par la mémoire : mais aussitôt que cette force d'adhésion des idées entr'elles se trouve vaincue *par le sentiment du moment*, l'âme agit par l'imagination, c'est-à-dire que les élémens de la mémoire, les idées, suivent les lois de l'imagination.

Ces principes posés, on ne pourra plus confondre l'imagination avec la mémoire. Dans la réalité de la vie, ces deux facultés ont une action continuelle l'une sur l'autre. La sensibilité se trouvant en rapport *avec toutes les idées*, agit sourdement sur toutes les associations, et sur tout le système pensant, ici renforçant les souvenirs, là les affoiblissant. Sans doute que la mémoire c'est-à-dire, la *sensibilité conservée* n'est pas moins active que l'action du sentiment *présent*. S'il nous étoit donné de voir dans les replis de notre être, nous verrions la mémoire repousser tel mouvement foible de sensibilité, ou favoriser tel autre. Ne voyons-nous pas les *opinions* et les *préjugés*, c'est-à-dire, les associations anciennes avoir un poids énorme, capable d'entraîner les nations en masse, et de décider du sort de l'humanité ? Sans ce lest salutaire, l'homme plus léger que le moucheron seroit entraîné par chaque souffle de sensibilité.

§ 6. Les idées, associées par la sensibilité, conservent leur *ordre* dans la mémoire, après que le mouvement associateur a disparu. Ce qui reste dans la mémoire ce sont les *idées* le plus souvent conservées par les mots. De là vient ce double tissu dans l'association des idées, le tissu des idées, et le tissu des mots. Le plus souvent la mémoire n'est plus que dans les mots. Il en résulte que cette faculté a beaucoup de prise par les mots, et qu'on peut la manier pour ainsi dire mécaniquement. Les idées associées ne sont jamais que le sable et le limon déposés par le torrent de la vie, c'est-à-dire par la sensibilité; le sentiment même ou existe encore, ou s'il est écoulé n'y est plus du tout, tandis que les idées des cinq sens se conservent dans le lit du torrent d'une manière toute mystérieuse.

§ 7. On conçoit que l'association conservée des idées peut acquérir une force capable de surmonter les mouvemens d'une imagination foible. On conçoit que, dans le calme des passions, l'*intelligence* peut préparer ses idées de manière à donner à leur association une intensité capable de surmonter ensuite les
impulsions

impulsions vives mais passagères de la sensibilité. Les *principes* semblables à une phalange bien disciplinée résistent aux attaques de l'imagination, laquelle n'a de véritable empire que l'empire légitime que lui donnent les besoins les plus pressans de la vie, et qui hors de là n'a de force que dans la foiblesse de notre résistance, et dans la nullité de notre raison.

Voyez l'homme livré au tumulte des sens chercher inutilement à concentrer son attention sur des idées réfléchies. Que de peine il a d'abord à vaincre son imagination? Mais peu à peu ses idées se calment; les mouvemens des sens s'apaisent, et s'il a le courage de continuer le combat, on verra à la fin l'imagination domptée par l'intelligence, de manière à ne plus suivre que les lois de la raison, de la vertu et du bonheur.

§ 8. Il est de la nature de la mémoire de *conserver les idées dans l'ordre de leur association*, de manière qu'une idée de la série des associées étant éveillée, toutes les autres se réveillent à la fois, ou successivement dans un ordre déterminé. Telle est la loi de la mémoire. Mais chacune des idées de la série des associées à des rapports directs ou indi-

T

rects avec la sensibilité; chacune d'elles est quelque part sous l'influence de l'imagination, et leur organe tient toujours au système nerveux dont sans doute il fait partie.

On conçoit que les mouvemens de l'imagination ne sont pas ceux de la mémoire. Il en résulte une combinaison de mouvemens opposés, dont le résultat présente les forces combinées des deux facultés.

§ 9. Les auteurs de psychologie sont toujours dans l'embarras lorsqu'il est question de poser des limites entre deux facultés qui sont distinctes quand on les considère dans leurs résultats, et qui paroissent toujours confondues, quand on les considère dans leur travail. En effet, l'imagination ne va-t-elle pas sans cesse puiser dans la mémoire, et la mémoire ne porte-t-elle pas souvent les couleurs de l'imagination?

Les conceptions d'Homère ou de Virgile ont toutes habitées une fois dans la mémoire. Si alors on eût privé ces poëtes de leur imagination, ils eussent raconté sans charme et sans ornemens les principaux faits de l'histoire d'Ulysse, d'Achylle, ou d'Enée, *tels qu'ils les avoient appris*. Mais si vous venez à leur rendre l'imagination brillante qui les distingue, vous verrez aussitôt *l'ordre* de leurs idées *changer*, et le travail appelé *composition* transposera et combinera d'après les lois de l'imagination et de l'harmonie, les idées déposées comme élémens dans la mémoire.

Les hommes à mémoire monstrueuse ne sont pas imbécilles à cause de leur mémoire, mais ils ont une mémoire monstrueuse parce qu'ils sont nés sans imagination. Ces hommes là semblent avoir une disposition heureuse dans les *organes* des idées : privés de sensibilité et d'imagination rien ne trouble chez eux l'ordre des idées et des mots, et les pensées de ces personnes demeurent pétrifiées, comme les habitans de cette ville des Mille et Une Nuits qui étoient tous devenus des statues.

On conçoit qu'on peut nuire à l'esprit, au mouvement et à la justesse des idées, en exerçant la mémoire (1) au-delà des besoins de la pensée. Les idées fortement collées ensemble par les mots, n'ont pas cette liberté

---

(1) Les idées et les mots ont des rapports naturels, qu'il est dangereux d'altérer. Or, c'est dénaturer ces rapports que de donner l'habitude de répéter les mots sans y attacher des idées. Les mots sont le dernier résidu de la mémoire, si l'activité de l'âme prend l'habitude de se porter sur les mots, l'esprit fera peu à peu divorce avec la pensée.

et cette souplesse nécessaires à leur maturité et au mouvement de la vie.

Il faudroit n'exercer mécaniquement la mémoire que là où l'on a des idées bien distinctes, bien mûries : on ne sauroit assez lier ensemble les grandes idées centrales et lumineuses faites pour servir d'étoile polaire à ceux qui naviguent sur la mer orageuse de la vie.

On n'exerce pas assez la mémoire, et les bonnes règles ne sont pas connues encore (1).

---

(1) Je voudrois par exemple que les enfans aprissent par cœur le résumé des leçons qu'ils auroient très-bien saisies : il faudroit pour cela que ces résumés fussent extrêmement soignés. Règle générale, si l'on ne veut pas faire des enfans des perroquets ou des sots, il ne faut pas leur faire aprendre par cœur ce qu'ils ne comprennent pas; bien au contraire, il faut que ce qu'ils placent dans leur mémoire soit le *foyer* d'un grand nombre d'idées lumineuses.

Comme on est plutôt appelé à bien savoir la prose que les vers, il seroit bon que les enfans sussent par cœur les meilleurs morceaux en prose de la littérature soit françoise, soit latine, comme par exemple les plus beaux passages de Télémaque, les Troglodites de Montesquieu, des pensées de la Bruyère et des chapitres choisis de Tacite, de Salluste, de Tite-Live, ou de Cicéron.

Il faut de plus ne pas oublier *qu'exercer la mémoire* ce n'est pas seulement exercer la *mémoire des mots*. Il faudroit plus qu'on ne fait exercer la mémoire des mots *réunis aux idées* : il faudroit pour cela faire *raconter* aux jeunes gens ce qu'ils ont lu ; cet exercice leur enseigneroit à la fois à penser et à exprimer ce qu'ils pensent.

Il faut en exerçant la mémoire faire en sorte de se rappeler les mots par la pensée, plutôt que la pensée par les mots.

Comment les auroit-on connues, puisqu'on est encore à confondre la mémoire avec l'imagination ?

§ 10. Ces lois de l'imagination présentent une variété presqu'infinie de combinaisons, dont chacune modifie pour sa part quelque chose dans l'ordre de la mémoire, dans l'intensité des idées, ou bien dans l'intensité de la force associatrice. La mémoire ne donne qu'une suite de touches où l'imagination vient exercer ensuite sa prodigieuse activité. Elle est

---

Un grand moyen d'instruction, que je crois peu pratiqué, c'est la conversation. Je voudrois faire répéter aux jeunes gens ce qu'ils ont entendu d'intéressant dans le monde. Il y a un art à saisir la conversation, qui aprend à-la-fois à connoître les choses et les hommes. Que d'utiles commentaires n'occasionneroient pas des leçons données sur ce sujet. L'art d'écouter et de comprendre a beaucoup de rapports avec l'art de *voir*, que l'on sait être assez compliqué pour être hors de la portée d'un vieillard aveugle, à qui l'on auroit rendu l'usage des yeux. C'est le plus souvent l'imagination qui supplée à l'imperfection du sens de la vue, et qui rend pour ainsi dire déchiffrables les caractères imparfaits que les objets sont venus tracer dans l'organe. Il en est de même de l'art de *juger* ce qu'on a entendu dire : il suppose le talent de compléter ce qu'on n'a pas entendu, de redresser ce qu'on a mal dit, ou de suppléer à ce qui a été omis. L'art de plaire tient beaucoup à l'art d'écouter, mais le moyen de se rendre agréable par l'attention que l'on porte aux discours d'autrui est un des plus négligés, et de nature à échapper toujours à la vanité et à l'égoïsme.

Tous ces moyens tiennent à l'exercice de la mémoire combinée avec l'exercice de l'intelligence ou de l'imagination.

long-temps à jouer faux et à toucher mal les notes du clavier. Enfin l'harmonie s'éveille, et bientôt la beauté se révèle à l'âme de l'artiste. Dès ce moment le chaos des informes conceptions se dissipe, l'ordre brille partout avec l'harmonie, et un univers plein de jouissances semble naître pour la sensibilité.

La mémoire ne présentant qu'une série unique d'idées, tandis que l'imagination peut les combiner toutes, on conçoit que la richesse de la mémoire est à celle de l'imagination comme l'unité est au nombre presque infini de toutes les combinaisons possibles des idées.

DÉVELOPPEMENS.

CHAPITRE PREMIER.

Définition du mot *idée*.

Je viens de faire voir que, ce qu'on appelle *sentiment*, n'est pas autre chose qu'une sensation du sixième sens, liée par sa nature à un principe de mouvement, qui agit plus ou moins sur les idées et sur les organes.

J'entends par *idée* toute sensation des cinq sens réveillée par la sensibilité motrice, ou excitée par la force émanée de l'intelligence appelée *attention*; aussi les sensations des cinq sens produites par l'action immédiate de l'objet de ces sensations, je ne les appellerai pas *idées*, mais je leur conserverai le nom de *sensation*.

J'observe que la sensibilité motrice a deux manières d'exercer son influence sur les idées, qu'il importe de distinguer. La sensibilité *conservée* agit sur les idées par ce qu'on appelle, *association des idées*, tandis que la sensibilité du moment agit directement sur les idées par ce qu'on appelle *imagination*.

Il n'est pas de ma tâche de parler de l'intelligence; mais il importe de remarquer qu'une idée peut exciter une autre idée par une force absolument différente de la sensibilité motrice : cette force émanée de l'intelligence je l'appelle *attention*. C'est à elle seule qu'appartient le *développement des idées*, qui n'est autre chose que la révélation des rapports intérieurs déposés dans la nature même des idées.

Le développement des sentimens produit par la sensibilité s'appelle *harmonie*, et le développement des idées produit par l'intelligence s'appelle *vérité*. Chacun de ces nobles résultats de la vie de l'être pensant et sensible a des caractères très-distincts. Je me borne dans cet ouvrage à ce qui appartient à l'imagination.

CHAPITRE II.

Importance de la distinction entre idée et sentiment.

§ 1. Il est important de séparer nettement le sentiment de l'idée. § 2. Ce qui n'est pas l'idée même doit en être séparé. § 3. La séparation des cinq sens d'avec le sixième distingue nettement la faculté de sentir d'avec celle de connoître. § 4. Le développement de l'intelligence se fait par les idées. § 5. Sublime accord entre l'imagination et l'intelligence. § 6. La théorie de la liberté et celle du bonheur reposent sur la distinction entre idée et sentiment.

§ 1. Il n'y a rien de plus important dans la théorie de l'imagination, et par conséquent dans la théorie de l'homme et la connoissance de soi-même, que la distinction entre *idée* et *sentiment*. On verra que la solution du problème, si long-temps cherché, sur la nature du bonheur dépend de cette distinction. C'est ainsi qu'une foule de questions demeurent insolubles jusqu'à ce que quelque fait, en apparence très-éloigné de la question à résoudre, vienne à se découvrir.

§ 2. Nous avons vu qu'une sensation des cinq sens n'étoit que cette sensation et que l'idée de *plaisir* et de *douleur* ne lui étoit qu'accessoire : il s'ensuit que les idées des cinq sens sont en elles-mêmes *indifférentes*, c'est-à-dire sans mouvement. Ne pouvant distinguer les sensations que par ce qu'elles sont à l'âme, tout ce qu'on en peut nettement séparer, (comme l'idée de plaisir et de douleur,) doit n'être plus confondu avec elles.

Le principe qui sépare de l'*idée* la sensation de plaisir ou de douleur, jusqu'ici confondue avec l'idée, est propre à répandre un grand jour sur la théorie des sentimens, et à faire distinguer nettement la faculté de sentir de celle de connoître. Ces facultés me semblent maintenant distinguées non-seulement par les phénomènes qu'elles présentent à l'âme, mais encore par les organes mêmes qu'elles emploient ; puisque la faculté de connoître semble résider dans les cinq sens, tandis que celle de sentir est concentrée dans le sixième. Les développemens de ces principes vont de plus en plus en démontrer la vérité.

§ 3. Il faut donc considérer les sensations des cinq sens comme des points lumineux placés dans le mouvement de la vie ; ces points vivifiés par l'attention deviennent de plus en plus brillans. Ils séparent nettement la faculté de connoître de celle de sentir : lorsque l'âme toute occupée à sentir, demeure pour ainsi dire en-deça des idées, elle agit par l'imagination ; lorsqu'au contraire elle se concentre dans les idées, elle agit par l'intelligence.

§ 4. Le mouvement de l'intelligence tend au développement des *idées*. Les *idées*, fixées par l'attention manifestent ce que la sensation n'avoit pas dévoilé ; bientôt l'âme y découvre ce qu'elle n'avoit pas aperçu d'abord, et le dernier résultat de l'analise est de décomposer les idées en leurs élémens, c'est-à-dire dans ce qu'elles contiennent de *différent* et d'*identique*. La *logique* entière ne tend qu'à produire, par le moyen des signes, cette décomposition des idées ; et la *démonstration rigoureuse* n'est que la marche de l'esprit sur ces échellons d'identité, appelés *idées moyennes*. C'est par ces élémens subtils des idées, décomposées par l'analise, que la lumière de l'esprit se répand sur le vaste empire des sciences exactes.

§ 5. Sublime harmonie entre deux facultés dont l'une est le guide et l'autre la vie de l'homme. La sensibilité, en éveillant l'intelligence, est bientôt conduite par elle, et néanmoins elle la guide à son tour et à sa manière en ne lui permettant pas de s'éloigner trop des premiers besoins de l'homme et de l'espèce. La vie de l'automate n'est encore que le principe moteur de la vie spirituelle, qui se trouve éveillée par elle, et menée par elle dans les premiers pas de sa vaste carrière. Mais ce guide de l'enfance de l'être pensant n'est pas destiné à vivre toujours; il nous quitte après avoir à peine ébauché son ouvrage. Ne voyons-nous pas le développement du corps, et les lois de la vie de l'automate tendre à l'ossication et à la mort, tandis que le développement de l'intelligence semble avoir une direction vers l'immensité? En effet, qui oseroit fixer des limites à son vol, et dire à l'âme dont les forces vont croissant avec les forces, *huc usque licet!*

§ 6. Nous verrons dans la suite que la liberté ne consiste que dans la faculté d'agir d'après les lois de l'intelligence. Toutes les questions qui vont au-delà rentrent dans une métaphysique obscure, que l'on devroit signaler comme une mer pleine d'écueils toujours funeste à la science de l'homme.

La théorie du bonheur, repose sur la distinction entre *idée* et *sentiment*. Elle est fondée sur l'harmonie entre ces deux choses, et repose par conséquent sur l'harmonie de l'imagination avec l'intelligence, dans laquelle l'une donne le mouvement et l'autre la règle du mouvement, phénomène remarquable, dont le résultat est le développement de l'homme tout entier.

CHAPITRE III.

Intimité des rapports entre la sensibilité et les idées.

§ 1. *Le mouvement vient de la sensibilité, le développement des idées se fait par l'attention.* § 2. *La psychologie de l'individu s'applique directement aux nations.* § 3. *Les idées dirigent le mouvement de la sensibilité.* § 4. *La chimie intellectuelle sépare les sentimens des idées.* § 5. *Les sentimens s'associent avec les idées, et les idées avec les sentimens.* § 6. *Liaison intime entre la sensibilité et les idées.*

§ 1. L<small>E</small> *mouvement* des idées vient toujours de la sensibilité, et le *développement* des idées de l'intelligence : l'intensité du mouvement produit la *vivacité* des sentimens et par elle des idées, tandis que l'*attention* produit la *distinction* des idées.

L'on voit pourquoi les beaux-arts ont toujours précédé les sciences : en communiquant un noble *mouvement* à la sensibilité sauvage, en fixant par la contemplation de la beauté les élans trop passionnés de l'âme, ils préparent l'esprit à la vérité par l'harmonie.

§ 2. Chez les nations comme chez l'individu les sens marchent toujours en avant de la raison; partout l'homme *sent* avant de *penser*. La liberté politique, toute semblable à celle de l'individu suppose la faculté de *penser fortement*, c'est-à-dire d'opposer la force de la raison aux mouvemens aveugles de la sensibilité. *La loi*, est-elle autre chose que *la raison* appliquée aux sociétés civiles ? L'une et l'autre, la loi et la raison, tempèrent et règlent les mouvemens des passions; et s'il est vrai que la liberté de l'individu est dans la raison, il ne l'est pas moins que la liberté des nations est dans la loi. Le choc des passions entre les citoyens est arrêté par les lois civiles et criminelles; les mouvemens déréglés et des peuples et des rois, le sont par les lois politiques. Il seroit aisé de faire voir, que les lois qui règlent les actions de l'individu, se retrouvent en résultat chez les nations; et que la psychologie, qui révèle les lois intérieures de l'homme, révèle en même temps la source des lois civiles et politiques.

§ 3. Les cinq sens font partie du système nerveux, ils en suivent les lois, et y jouent sans doute un grand rôle, puisque la conduite de toute la machine semble dépendre de la direction que les *idées*, c'est-à-dire les cinq sens, lui impriment.

§ 4. Les idées ont une grande disposition à s'allier avec les sentimens, et à être excitées par le plaisir ou par la douleur. L'intimité de l'association, je dirai presque l'affinité entre les sentimens et les idées est si grande, qu'il faut beaucoup d'attention et de sagacité pour distinguer une sensation du mouvement de plaisir et de douleur qui y est attaché. La sensibilité ne nous parle que par les *signes* qu'elle nous présente, c'est-à-dire par les *idées* qu'elle éveille; et ce sont toujours les idées qui nous instruisent de toutes les nuances du sentiment: la sensibilité même ne se montre jamais à nous que voilée.

§ 5. Les idées agréables ou douloureuses laissent toujours par leur réaction, quelque impression et quelque trace dans le système de la sensibilité, de manière que ces mêmes idées peuvent être *rappelées ensuite par ces impressions*. De là vient que dans le sommeil la moindre nuance de santé s'annonce par les rêves, parce que, dans l'état de sommeil, la sensibilité agit seule, et réveille les idées par les mêmes impressions par lesquelles ces idées s'étoient fixées dans le système nerveux. Règle générale : chaque sentiment éveille ses idées d'affinité, et ces idées réveillent à leur tour le sentiment qui les a fait naître. L'ennui me donne tel malaise physique, qui tient à quelque froissement d'organe : je puis la nuit être couché de manière à éprouver ce même froissement ; il en arrivera que je songerai que je m'ennuie.

§ 6. La grande mobilité de l'imagination tient à la grande mobilité du système nerveux. Plus le sixième sens est *mobile* et vivant *dans toutes ses parties*, et mieux la sensibilité émeut et entraîne pour ainsi dire les idées; et plus les idées sont mobiles et nombreuses plus les résultats de l'imagination seront parfaits.

La grande mobilité des idées de l'imagination fait voir, qu'aucune idée n'est entièrement exempte de quelque mouvement de sensibilité,

sensibilité, c'est-à-dire de quelque sentiment de plaisir ou de douleur, puisque dans le domaine de l'imagination, c'est toujours par le sentiment moteur que les idées sont mises en mouvement. Ainsi le jeu de l'imagination nous fait concevoir les innombrables et invisibles fils qui entourent, pressent et meuvent les *idées,* et par lesquels les idées réagissent, d'un côté sur la sensibilité, et de l'autre sans doute sur l'irritabilité motrice de l'automate, comme nous verrons dans la suite.

V

CHAPITRE IV.

Quel avantage il y a à distinguer les sentimens des idées.

§ 1. Si le lien des idées associées est dans les idées ou dans la sensibilité. § 2. Pourquoi les grandes actions supposent du caractère. § 3. Prodigieuse finesse et multiplicité des rapports entre la sensibilité et les idées. § 4. Extrême sensibilité de l'imagination. § 5. Le développement des rapports sociaux conserve la vie de la pensée. § 7. L'imagination n'a de charmes que par l'harmonie. § 7. L'exagération est un des grands écueils des personnes à imagination. § 8. Il faut dans la conversation rester en deçà de ce qu'on sent. § 9. Avantage de savoir distinguer son propre sentiment des idées qu'il inspire.

§ 1. J'AVOUE que j'ai quelques doutes si, dans le domaine de l'imagination, les idées s'associent immédiatement l'une à l'autre, et idée à idée. Je commence à soupçonner que le *lien* des idées, toujours étranger aux idées, n'existe que dans la sensibilité. Ce qui me le feroit croire, c'est 1.° que l'ordre des idées associées est toujours selon les lois de la sensibilité, c'est-à-dire que les idées qui tiennent de plus *près au sentiment sont les premières en date et en intensité*. 2.° L'association des idées se dissout avec le sentiment qui les avoit fait naître. 3.° Nous verrons plus bas que chaque sentiment nouveau, qui arrive dans l'âme, modifie les idées associées, et affoiblit ou renforce les souvenirs, selon les rapports de ces souvenirs avec le sentiment moteur. L'expérience de toutes les passions semble indiquer que les idées sont associées par la sensibilité.

Je ne veux point toucher ici au domaine de l'intelligence. Les idées réfléchies sont des espèces d'idées innées, qui sont fécondées par les sensations; ces idées réfléchies contiennent des rapports *naturels*, qui peuvent se reproduire réciproquement sans le secours de la sensibilité (1). La force fécondante de l'in-

---

(1) Si cette observation est juste, il faudra distinguer les associations des idées, réunies par l'imagination, de l'association des idées réunies par les rapports naturels et innés développés par l'intelligence; et séparer la mémoire de l'imagination de la mémoire de l'intelligence.

Je ne crois pas que l'attention ait jamais *l'initiative* du réveil des idées; mais *l'attention éveillée* par les idées peut à son tour reproduire les idées partielles nées (non pas de la sensibilité) mais de l'attention. Le besoin de réfléchir me fera penser à un problème d'algèbre, mais ce ne sera pas ce *besoin*, mais *l'attention* qui m'en fera trouver la solution, c'est-à-dire qui éveillera chez moi les *idées moyennes* nécessaires à cette solution.

telligence c'est l'*attention* que chacun sent être différente de la sensibilité, laquelle produit le mouvement, mais jamais le développement des idées.

L'on conçoit, que ce n'est que par abstraction que je sépare entièrement l'imagination de l'intelligence, attendu que ces facultés, dans le mouvement de la vie, ne sont jamais entièrement séparées.

§ 2. Lorsque la sensibilité a du *caractère*, c'est-à-dire une régularité dans sa marche, qui ne peut jamais venir que d'une idée centrale, il en résulte que les sentimens renforcent les sentimens, et que les souvenirs étendent et énoblissent les souvenirs; tandis qu'une marche rompue, inégale, troublée par de petites passions, détruit dans le jour l'ouvrage de la veille, établit la confusion dans les idées et le vide dans le cœur, pour ne produire que des hommes nuls et sans caractère. L'on voit qu'il n'y a que les passions énoblies par les idées morales, et guidées par quelque grand principe, qui soient favorables à la fois au génie et au bonheur.

§ 3. Il faut s'arrêter un moment, pour mieux développer les rapports intimes, qu'il y a entre la sensibilité et les idées.

Il n'y a pas de passion plus *loquace* que la colère dans toute sa naïve laideur. Un sentiment, à peine aperçu par l'âme, y produit des millions d'idées ; car les mots sont des idées, et supposent toujours quelque idée. Que l'on détaille tous ces rapports entre un sentiment obscurément senti, et les idées qu'il excite, et l'on sera étonné de tout ce que les *effets* du sentiment moteur font supposer dans leur cause. Par exemple, que de rapports rapides, d'une finesse inconcevable, ne suppose pas l'*usage de la parole?* Avec quelle promptitude, avec quelle justesse de mesure la colère exécute les mouvemens nécessaires au langage! Comme tout revient à l'idée principale, comme tout se varie autour de son foyer! Or chacun de ces détails a sa cause dans la sensibilité motrice.

Anoblissez la colère par l'harmonie, supposez Homère chantant le courroux d'Achille, et vous admirerez des rapports encore plus étendus. L'amertume d'un sentiment, en lui-même pénible, adoucie par les charmes de l'harmonie, ne sera plus pour l'âme qu'un mouvement excitateur de la pensée. Il semble que l'harmonie dépouille la sensibilité de tout ce qu'elle a de terrestre et de grossier, pour l'associer aux facultés supérieures, et à des lois d'un ordre plus relevé.

§ 4. La finesse, l'extrême délicatesse de tous les rapports entre la sensibilité et les idées, et leur inconcevable mobilité font comprendre combien l'imagination est aisément froissée (1) ! Qu'une personne à imagination vive entre dans un sallon, sa sensibilité sera pour ainsi dire assaillie à la fois par l'idée de chaque personne qu'elle aperçoit ; et tous ces sentimens confus feront naître cette *timidité* si touchante dans son désordre et dans son doux embarras. Rien ne prouve mieux que la révolution a privé les hommes de cette fleur de sensibilité qui annonce l'innocence, que de voir que les jeunes gens n'ont presque plus de timidité dans le monde.

---

(1) On conçoit que les passions sensuelles émoussent l'imagination comme les liqueurs fortes émoussent le goût du palais. Les idées accoutumées à être touchées fortement ne savent plus obéir à des mouvemens plus foibles. De là l'imbécillité et la stupeur des hommes énervés par des jouissances excessives, et condamnés à ne vivre plus que pour la douleur. Il n'est que trop vrai que l'incapacité de jouir, loin d'amener avec elle l'incapacité de souffrir, semble au contraire étendre et multiplier les organes de la douleur. La fraîcheur de l'imagination est une des plus grandes jouissances, et une des sources les plus intarrissables des seuls plaisirs vifs qui ne sont jamais suivis ni de regrets, ni de remords, ni de fatigue, plaisir également chers et dans les souvenirs qu'ils nous laissent, et dans l'avenir qu'ils nous préparent.

§ 5. Les formes douces et faciles de la société, et ce qu'on appelle *politesse* sont les conservatrices de l'imagination, par conséquent de la vie sociale, et même des talens. Une société sans imagination, sans mouvement, et sans grâce dans le langage, dénuée de tout ce qui est sentiment et de ce qui tient au sentiment, ne présente plus à l'esprit que des formes arides. Une telle société à forme étroite, vide de pensées, de mouvemens et de lumières, produit sur l'imagination l'effet d'un cachot, où l'âme meurt dans les supplices. Les *formes de l'esprit* sont tout aussi oppressives dans la société que les formes des manières, et bien plus que celles de l'étiquette. L'on voit que rien ne remplace les sentimens vrais de bienveillance et de bonté, exprimés avec cette simplicité touchante sans laquelle il n'y a jamais de la grâce.

§ 6. Les personnes douées d'une imagination vive, ont de grands écueils à éviter. Si elles sont dénuées de goût, et d'éloquence pour parler bien, et de tact pour parler à propos, elles deviendront insupportables par leur verbiage; et c'est dans la classe des personnes à imagination manquée qu'il faut ranger les sots les plus fatigans.

Mais si l'imagination, guidée par le goût, s'énonce avec grâce et justesse, elle n'est plus qu'une douce et continuelle harmonie d'idées, de langage et de sentimens, et devient par là le charme de la vie. Auprès des personnes douées de ces heureuses qualités, l'esprit est sans cesse renouvelé par les sources toujours renaissantes d'idées variées qui viennent multiplier l'existence; on se sent pour ainsi dire caressé par de douces images qui viennent de toutes parts ranimer l'esprit et le cœur, et vivifier à la fois le sentiment et la pensée.

Il faut, pour être juste, juger l'imagination par la sensibilité, et voir les idées qu'elle présente dans leurs rapports avec le sentiment qui les inspire. Tout autre manière de juger seroit fausse ou cruelle.

§ 7. L'imagination est toujours plus ou moins exagérée aux yeux de la raison. Voilà pourquoi tout ce qui dépasse le sentiment qu'on éprouve, ou tout ce qui feint un sentiment qu'on n'a pas, est insupportable. Aller au-delà de son sentiment paroît aux yeux de l'indifférence, l'exagération de l'exagération. On ne peut rien imaginer de plus dégoûtant.

Il est bon que les personnes à imagination, restent en deçà de leur sentiment plutôt que de le dépasser : il y a d'ailleurs une grâce singulière à bien exprimer une partie de ce qu'on sent, tout en laissant deviner ce qu'on n'a pas dit, et l'art des réticences fait pour le moins autant d'effet que l'art de la parole.

§ 8. Il faudroit s'occuper moins à parler bien, qu'à parler à propos. Cet à propos se lit dans le sentiment de la personne avec qui on parle, et pour peu qu'on y veuille réfléchir, on s'apercevra si le sentiment qui nous anime peut être mis en harmonie avec celui de la personne qui écoute.

L'on peut avec quelque habitude de s'observer, distinguer son sentiment des idées qu'il inspire. Il y a un point qu'il est facile d'apercevoir, où la sensibilité s'épuise; c'est à ce point qu'il faut s'arrêter, pour ne pas ressembler à ces gens qui ne savent pas finir une conversation sans vous avoir versé, pour ainsi dire, la lie de leur inspiration. C'est dans ce sens que Voltaire a dit, *le secret d'ennuyer est celui de tout dire.*

§ 9. L'habitude de distinguer du *sentiment* qu'on éprouve les *idées* qu'il a fait naître, est d'un avantage inappréciable, en nous apprenant à faire peu de cas de toutes les opinions inspirées par la sensibilité du moment, par conséquent à nous défier de l'humeur que nous avons, et de toutes les idées noires inspirées par quelque sentiment pénible; car se défier d'une idée, c'est lui ôter la moitié de sa force, et il est bon d'apprendre à jouer avec son imagination, afin de (1) n'être pas joué par elle.

---

(1) Il est de la plus grande importance de faire connoissance avec son imagination. Pour y parvenir, il faut savoir fixer son attention sur les deux foyers de son activité, le sentiment et les idées. Sitôt que j'éprouve quelqu'émotion je me place, pour ainsi dire, à l'écart, et je me dis : mes idées vont jouer, voyons le drame que j'aurois. Ai-je été froissé dans mon amour-propre, je reconnois aussitôt mon *sentiment* à la livrée des idées en service auprès de lui. Le sentiment une fois connu, je passe aux idées qu'il met en jeu pour y découvrir les détails de sensibilité qui se manifestent toujours par les idées qui jouent.

Il y a tels sentimens qui ont leur source dans l'organisation. Que d'idées nées de la faim ! Que de pensées noires inspirées par quelqu'indigestion, qu'ils faut détruire par le régime, par le jeûne et l'exercice, plutôt que par le raisonnement.

A-t-on l'imagination vive ? Rien ne guérit des petits maux de la vie comme la solitude. Pourquoi ? C'est que l'instinct de l'imagination saine est de trouver par elle-même les idées qu'il faut dans chaqu'instant au sentiment qu'on éprouve. L'imagination isolée gravite sans cesse vers le bonheur, et la laitière de la Fontaine est l'image naïve et vraie de l'homme de la nature dont l'âme n'a été froissée par rien.

Etes-vous sans imagination, la solitude sera toute employée par la *mémoire*, et vous serez encore en souvenir ce que vous avez déjà été en réalité. Dans ces tems de malheurs et de bouleversemens que d'inutiles et d'ennuyeux rabachages sur ce qu'on auroit dû faire ou ne pas faire. Dans les petites villes surtout

CHAPITRE V.

Quelle espèce de foi on peut ajouter aux idées de l'imagination.

§ 1. *La vérité des idées nées de l'imagination est dans leurs rapports avec la sensibilité.* § 2. *La vérité des idées de l'intelligence est dans leurs rapports avec les objets extérieurs.*

§. 1. Il y a ici une remarque bien importante à faire sur l'espèce de confiance qu'il faut donner aux idées nées de l'imagination. Reid (1) a raison de dire qu'elle n'en méritent aucune, mais il faut savoir dans quel sens il faut entendre ce mot de Reid. Dans le domaine de l'imagination les idées ne sont

---

l'on tourne sans cesse le même fil d'idées autour de quelque petit principe sans sortir jamais du même cercle, et sans s'apercevoir de l'ennui que l'on prend et que l'on donne.

J'ajouterai une remarque importante ; c'est que l'habitude de s'observer n'est agréable que pour les personnes heureuses. Quand l'imagination est souffrante, il faut lui faire chercher au-dehors quelques idées nouvelles ; ou si l'on veut guérir par la pensée, c'est à la réflexion et surtout aux principes et non à l'imagination qu'il faut s'adresser.

(1) Dans ses recherches sur l'esprit humain. *Inquiry into human mind.*

que les signes naturels de la sensibilité motrice, *la vérité de ces idées est dans leurs rapports avec cette sensibilité*, elle est toute *intérieure*; leur vérité extérieure née de leur rapport avec la nature externe n'est qu'accidentelle et ne peut jamais appartenir qu'à l'intelligence.

§ 2. La vérité de l'intelligence est dans le *rapport des idées avec la nature*, c'est-à-dire avec les choses extérieures, qui sont les *objets* de ces idées; la vérité de l'imagination est dans le *rapport des idées avec la sensibilité motrice*, c'est une vérité toute intérieure et pour ainsi dire poétique : l'une est dans le rapport des idées avec ce qui, en dehors de l'homme, fait *l'objet* des sensations *des cinq sens*; l'autre est dans le rapport des idées avec ce qui se passe au-dedans de lui dans sa propre sensibilité. Les *idées* sont donc des miroirs à deux faces dont l'extérieure représente la nature extérieure à l'homme, et l'intérieure l'état de sa sensibilité; l'une contient le portrait de la nature, l'autre celui de l'homme qui sent et qui parle. Pour bien saisir ce qu'on nous dit, il faut regarder les deux côtés du miroir, et voir les *motifs* qui font parler, aussi bien que les *choses* qu'on nous dit.

CHAPITRE VI.

Des formes de l'imagination.

§ 1. *L'imagination établit toujours une idée centrale autour de laquelle toutes les idées subordonnées vont se ranger.* § 2. *Une idée centrale dominante est l'âme des jeux.* § 3. *Un tel tourbillon d'idées a sa vitesse propre.* § 4. *Qui influe sur le mouvement des pensées.* § 5. *Dans les beaux-arts l'idée centrale est l'âme de l'harmonie.* § 6. *Ce principe d'unité influe sur la morale.*

§ 1. Retiré dans votre âme, ne soyez que le spectateur de vous-même; vous éprouvez un sentiment; laissez-le agir et observez la nature de son travail, le mouvement et la forme des idées qui en va résulter.

Vous verrez d'abord que la sensibilité a une *idée conductrice* qui va toujours en avant des autres; cette idée dominante deviendra le motif apparent des actions qu'on va faire. Elle est bientôt un centre autour duquel tout va se mouvoir et où tout ira se rattacher. Je suppose que cette idée centrale soit un mot favorable échappé de la bouche de l'homme tout puissant. Que d'idées heureuses et brillantes ce mot ne réveille-t-il pas? Richesses, faveur, puissance, et tout l'olympe de l'ambition arrive à vous avec son brillant cortège. Du mot qui vous enchante jaillit une source long-temps croissante d'images heureuses, qui semblent raviver toutes vos idées ; le temps s'est écoulé avec rapidité et vous avez à peine ébauché vos immenses travaux! Ne faut-il pas, vous dites-vous, arranger ces royaumes nombreux, faire quelque chose pour le bonheur après avoir tout fait pour la gloire; ne faut-il pas guérir les plaies profondes qui saignent de partout!... Que quelqu'importun arrive dans ce moment de rêverie, adieu le pot au lait!

Un sentiment moteur attaché à une idée centrale est l'instrument qui crayonne tous les tableaux de l'imagination, qui colore ses rêves et produit les actions qui en sont la suite.

Voyez cette troupe d'enfans sortir du collége; les voilà en pleine liberté; ils s'agitent de tous côtés, ils crient, ils parlent tous à la fois ; mais bientôt l'ennui vient les saisir, ils alloient se séparer, lorsque quelqu'audacieux de la troupe propose d'escalader un grand arbre. *L'idée centrale* donnée, les voilà tous en mouvement, chacun s'évertue, trois ou quatre sont déjà collés sur le tronc de l'arbre qu'ils tiennent embrassé, un même intérêt a saisi à la fois tous les jeunes spectateurs, les voilà heureux pour une heure. Si on pouvoit noter les idées comme on note la musique, on verroit le mouvement des idées croître avec l'*intérêt* (1), c'est-à-dire avec l'activité de l'idée centrale : le sentiment de bonheur sera en raison de cette activité : il supose le rapport le plus parfait entre le sentiment moteur et les idées mises en mouvement par lui.

§ 3. L'âme de chaque individu a une vîtesse moyenne d'idée, comme le sang a une chaleur moyenne, ou un mouvement moyen : tout ce qui est dans cette moyenne d'activité est agréable, ce qui est au-dessous s'exprime par le mot *ennui*, ce qui est au-dessus par le mot *fatigue*. Les idées à mouvement lent annoncent l'absence d'unité, elles ont un poids

---

(1) Voyez les échecs et tous les jeux quelconques, il y a partout une idée centrale où toutes les idées vont aboutir. Voyez l'ordre et la pompe d'une grande cérémonie, et vous y trouverez une idée centrale. Entrez aux petites maisons, et vous observerez des phénomènes tout semblables : chaque fol y aura sa *marotte*, son idée favorite, et son pot au lait. *L'intérêt* vient-il à s'éteindre, toutes les idées se décolorent peu à peu ; et bientôt leur association se dissout.

croissant en raison inverse de leur mouvement : n'allant plus de pair avec la vie, la vie semble se blesser contr'elles, il en résulte des symptômes de maux de nerfs, des bâillemens, des tiraillemens, un abattement universel, quelquefois des insomnies ou un sommeil profond et fiévreux : en un mot l'ennui.

§ 4. Il semble que chaque nation ait son *tems*, son mouvement national, et pour ainsi dire sa mesure lente ou précipitée. En passant de la Hollande en Angleterre on croit passer de l'*adagio* à l'*andante*, et en allant d'Angleterre en France, on passe de l'*andante* au *presto*. Le mouvement variés des idées, et pour ainsi dire la perfection de leur rhytme se trouve chez les Italiens, chez qui les passions ont de grands mouvemens favorisés par le climat (1).

§ 5. Nous avons vu dans la théorie des beaux-arts, que toutes les règles du beau peuvent se réduire à celle de l'*unité*. L'unité d'intérêt suppose la perfection des rapports entre le mouvement des idées et le sentiment moteur; et c'est de l'âme, doucement émue, que l'harmonie vient à naître, comme on peint la

---

(1) Voilà pourquoi la musique est née chez les Italiens. Le véritable mouvement des passions étoit tout trouvé dans leur âme. Or, c'est le mouvement qui est l'âme de la musique.

déesse

déesse des amours sortant des flots doucement agités.

§ 6. La morale de l'individu, c'est-à-dire la théorie du bonheur n'a pas d'autre règle que celle de l'unité. Être profondément pénétré d'un grand et sublime principe, subordonner toutes ses actions et toutes ses idées à *une idée suprême*, c'est répandre sur la vie entière l'intérêt d'un grand drame, c'est être heureux soi-même, et digne de faire le bonheur des autres.

CHAPITRE VII.

De l'idée considérée comme moteur des actions.

§ 1. *Effet de la sensation.* § 2. *L'idée commande au mouvement musculaire.* § 3. *Le résultat des mouvemens musculaires tient à la nature de l'idée.* § 4. *L'attention analise l'idée et le mouvement.* § 5. *Rapports intimes entre la sensibilité et les mouvemens musculaires.* § 6. *Il faut admettre une mémoire musculaire.* § 7. *Comment la volonté qui ne peut rien exécuter, parvient à réaliser ses idées.* § 8. *Il paroît que tous les mouvemens des organes sont médiatement ou immédiatement soumis à la sensibilité.* § 9. *Chaque élément d'idée a son élément de mouvement.* § 10. *L'âme commande, l'automate exécute.* § 11. *Effet de l'exemple.* § 12. *L'intensité originelle des mouvemens de la sensibilité émane des besoins de l'organisation.* § 13. *Besoins, désir, volonté, jouissance, achèvent le cercle des mouvemens de la sensibilité.* § 14. *L'idée sert de gouvernail dans la vie.* § 15. *Affinité entre la sensibilité et l'idée.*

§ 1. Que de mystères dans la sensation ! La sensation est le germe de l'idée, et l'*idée* est l'*instrument premier de la volonté*, par conséquent l'opérateur de nos actions, et l'auteur de nos destinées futures.

L'*idée*, c'est-à-dire la représentation d'un objet extérieur déposée dans l'âme par la sensation, l'idée n'est pas le seul effet de l'action de l'objet sur les sens.

Le mouvement de l'organe qui a produit la sensation, opère dans le système nerveux et musculaire des effets pleins de mystères, que nous avons entrevus en parlant de la différence qu'il y a entre l'imagination et la mémoire. Nous avons vu que :

1.° Il rend l'*idée*, (c'est-à-dire la représentation que la sensation a déposée dans l'âme), capable d'*être rappelée sans l'action de l'objet qui l'avoit fait naître*. 2.° Il met cette idée dans un tel rapport physique avec telle autre idée, qui la rend capable de rappeler cette idée. 3.° Il donne à l'*idée* la faculté de se *conserver* dans la mémoire.

§ 2. Mais voici d'autres effets. A chaque mouvement de l'organe de l'idée se trouve attaché un mouvement musculaire, de manière que, l'idée donnée, le mouvement musculaire se fait spontanément et machinalement.

Voyez un écolier novice copier ce tableau,

le moindre trait de sa copie a exigé trois ou quatre coups-d'œil donnés à l'original. Pourquoi ? si ce n'est parce qu'à chaque coup-d'œil un mouvement musculaire est venu s'attacher à l'idée.

§ 3. Chose singulière ! la volonté ne peut sortir du domaine *des idées*. La volonté a une idée devant elle, qu'elle contemple, pour ainsi dire, dans l'âme pour la produire au dehors comme copie de ce qui est dans l'esprit. On est tellement accoutumé à lier immédiatement ensemble l'action et la volonté, qu'on oublie *l'agent intermédiaire réel, qui est l'automate*. Entre le *trait* de l'écolier sur le papier, et *l'idée* du trait empruntée du modèle, il y a l'action savante de l'automate, et le mouvement compliqué de tous les muscles, dont l'âme et la volonté ignorent l'existence.

A chaque coup-d'œil, que l'écolier donne à l'original, est lié un mouvement musculaire. L'âme n'a d'autre connoissance de ce mouvement que par *le trait qui en résulte ;* elle varie ces mouvemens sans penser à ses muscles, et les varie jusqu'à ce que le trait soit juste.

De cette manière la volonté, liant trait à trait et mouvement à mouvement, achève son tableau. Qu'a-t-elle opéré dans les organes ?

L'IMAGINATION. 325

elle a lié mouvement à mouvement de manière à faire produire à l'automate la copie complète du tableau. Il falloit donc qu'à chaque idée fût lié un mouvement musculaire.

§ 4. La perfection de la copie est le résultat de l'attention de l'artiste. Mais que peut faire l'attention ?

L'attention ne peut que *distinguer* les plus petites parties du trait. Si l'on suppose que *chaque partie du trait ait sa portion du mouvement musculaire*, il en arrivera que la distinction nette des parties produira tous les mouvemens partiels et par conséquent le mouvement total le plus *parfait*. La somme exacte de toutes les idées partielles du dessin donnera donc la somme exacte de tous les mouvemens nécessaires, c'est-à-dire *la copie parfaite du tableau*.

§ 5. L'artiste, qui a très-bien exécuté un grand nombre de ses conceptions, acquiert de plus en plus la facilité de *composer* d'autres ouvrages. La *mémoire des mouvemens* se forme donc chez lui d'une manière semblable à la mémoire des mots et des idées; elle se compose d'un certain nombre de *mouvemens élémentaires* qui peuvent se combiner jusqu'à un certain point. La facilité de produire telle combinaison plutôt que telle autre se fera sentir dans ses ouvrages, et si cet artiste est peintre, musicien, poëte, sculpteur etc., il aura une *manière* à lui, qui sera toujours moins saillante à mesure qu'il avancera vers la *perfection*, c'est-à-dire vers le point où les mouvemens sont également aisés *dans tous les sens*.

§ 6. Il faut donc admettre une mémoire musculaire excitée par la mémoire des idées. Cette mémoire des mouvememens musculaires contient tous les *moyens d'exécution* de toutes les *actions volontaires*, lesquelles ne sont jamais que la *copie réalisée de l'idée* que la volonté *veut* exécuter. Le principe du mouvement exécutif de la volonté se trouve sans doute lié *à l'organe de l'idée dirigeante* de manière que la *présence* de l'idée commence le mouvement, que la *volonté* achève ensuite par des moyens d'exécution inconnus à elle-même. Ces moyens ne sont pas la sensibilité, puisque l'âme n'en a aucun sentiment, aucune connoissance : il est bien plus probable que c'est l'irritabilité qui en est chargée, puisque son action immédiate ne se fait pas sentir à l'âme.

La sensibilité peut, sans le secours des idées,

produire des mouvemens appelés *involontaires*, et agir immédiatement sur le mouvement musculaire. C'est là le cas de tous les mouvemens d'habitude, et sans doute de tous les mouvemens de l'organisation que la nature n'a pas voulu confier à l'ignorance de l'homme, et à la maladresse d'une volonté qui ne sait rien faire qu'en tâtonnant.

Ne semble-t-il pas que l'on entrevoit de plus en plus la distinction du système matériel et spirituel ? l'un et l'autre semble n'avoir besoin que de stimulans pour aller.

§ 7. J'admets comme hypothèse qu'il n'y a que peu ou peut-être point d'idées sans quelque mouvement musculaire : la simple *présence d'une idée* suppose donc déjà un mouvement ou du moins une tendance à un mouvement. Si ce mouvement est achevé par la volonté, il en résultera *l'action visible* extérieure. Et comme le mouvement musculaire intermédiaire entre *l'idée* et *l'action visible* se fait sans la conscience de l'âme, il en arrive que la volonté à l'air de tout faire, quoiqu'en effet elle ne fasse qu'*ordonner*, et *vouloir*, c'est-à-dire donner une intensité suffisante au mouvement musculaire nécessaire à l'achèvement de l'action.

L'action *complète* suppose la *série complète des actions musculaires*. Voilà pourquoi il faut long-tems tâtonner, et puis reprendre cette série, pour la rendre telle qu'il faut pour arriver à l'action finale avec le moins de force possible.

Toute cette théorie est conforme aux faits. Dans les mouvemens volontaires, le principe de l'action musculaire, sa première attache tient à l'*idée* dirigeante. Les bons mouvemens une fois trouvés se lient les uns aux autres, et le tout s'exécute enfin *à volonté*, ce qui arrive lorque l'*ouvrage* est conforme à l'*idée proposée*. Ainsi dans les actions volontaires l'esprit arrange et dispose, la volonté détermine, et l'irritabilité exécute.

§ 8. Il paroît que tous les mouvemens de tous les organes, sont attachés à la sensibilité : des passions violentes agissent même sur le mouvement du cœur. Mais il ne s'ensuit pas que le mouvement réglé et ordinaire du cœur soit volontaire : la plupart des mouvemens, nés de la sensibilité, comme par exemple ceux qui produisent l'expression des passions sur les traits du visage, ne le sont pas. On voit que les mouvemens musculaires ont deux principes moteurs, la sensibilité et la volonté.

§ 9. A chaque élément de pensée, à chaque idée partielle est attaché un principe de mouvement, et le jugement qui distingue et sépare les idées (sans les abstraire) sert à distinguer et séparer les mouvemens correspondans pour les rendre toujours plus capables de combinaisons fines, et par conséquent de perfection.

§ 10. Les beaux-arts ne sont l'imitation de la belle nature, qu'en ce qu'ils sont l'imitation et la copie de l'*idée* qu'on a dans l'esprit. L'imitation n'est que le *moyen*, et nullement le but des beaux-arts. Le but des beaux-arts est l'harmonie, il est tout spirituel, et n'existe que dans l'âme même, tandis que l'imitation est toute mécanique et l'œuvre de l'automate.

§ 11. L'on voit assez, par ce que je viens de dire, le prodigieux effet de *l'exemple*. L'exemple, c'est-à-dire la *vue d'une action*, porte avec elle le principe de l'imitation. L'exemple attache le bout de la chaîne des mouvemens musculaires à *l'idée* de cette action, de manière qu'on vient à répéter cette action sans y penser. Il faudroit un mouvement contraire, comme celui de l'indignation, de la honte ou du mépris pour contrebalancer l'effet de l'exemple, et l'influence stimulante du besoin d'imiter.

§ 12. Mais les mouvemens musculaires ne sont point indifférens à la sensibilité. Ceux qui tiennent à quelque désir ont leur route toute tracée dans l'organisation, et indiquée par ce désir, qui de lui-même tend à cette action. On conçoit que la probabilité d'une action est en raison de la facilité des mouvemens nécessaires à la produire, et de l'intensité de l'idée motrice, laquelle intensité se compose de la vivacité du désir, et de la force de la volonté.

§ 13. Tous les mouvemens émanés de la sensibilité sont intimement liés aux besoins; les besoins parlent à l'âme par le désir, et le désir tient par sa nature même à la *jouissance*, qui, aussi bien que ce désir, a sa route tracée dans les organes. La jouissance achève le cercle en éteignant le mouvement dans le besoin excitateur.

La machine musculaire, considérée comme un tout, est organisée de manière, à être en rapport avec la sensibilité motrice : il en résulte qu'à chaque besoin de la sensibilité répond un mouvement musculaire, ou une tendance à ce mouvement, dont toute la route est tracée par la nature même.

C'est la *disposition* à ce mouvement de jouissance qui fait la *pointe* et le piquant du désir.

Le besoin, plus la jouissance, compose le *mouvement complet de l'organe*, et le besoin moins la jouissance produit le mouvement incomplet, dont le sentiment est ce qu'on appelle *désir*.

§ 14. Tous les mouvemens de l'automate s'exécuteroient donc machinalement, d'après les seules lois de l'automate, si entre ces deux points extrêmes, (le besoin et la jouissance) il n'y avoit le *désir*, qui, comme le gouvernail de l'homme, a son attache à l'âme et à la volonté par *l'idée*, afin de faire aller l'être mixte d'un mouvement composé des besoins des deux substances.

§ 15. Il y a une singulière affinité entre la sensibilité motrice et les idées. Il en résulte que le désir se lie fortement à quelqu'idée, de manière que l'idée émue par la sensibilité devient à son tour capable d'avoir beaucoup de prise sur la sensibilité. L'idée dirigeante peut se trouver liée à d'autres habitudes, et à des mouvemens opposés à ceux de la sensibilité du moment, et par ce moyen faire agir l'homme en opposition d'un désir passager.

Cette savante composition de l'homme a deux grands résultats ; d'un côté la vie matérielle de l'homme et de l'espèce, de l'autre l'éveil des facultés de l'âme, et la naissance de l'être immatériel.

CHAPITRE VIII.

Importance de l'harmonie des idées dans la société.

§ 1. *L'harmonie de nos idées avec celle d'autrui les élève au rang des beaux-arts.* § 2. *Pourquoi cet art a pris naissance en France.* § 3. *Cet art est l'ouvrage de l'imagination.* § 4. *Il est relatif au degré d'esprit des personnes à qui on parle.* § 5. *Le besoin d'idée est après les besoins physiques, le premier des besoins.* § 6. *L'idée centrale, l'âme des idées, manque aux gens désœuvrés.* § 7. *Les idées centrales composent l'intérêt de la vie.* § 8. *Chez les nations cultivées ces idées centrales doivent être un peu générales.* § 9. *L'esprit suppose un beau langage.* § 10. *Ce que c'est que l'esprit, son piquant tient à l'arrivée subite de l'idée centrale. L'esprit suppose l'harmonie.* § 11. *L'analise tue l'esprit. L'esprit emprunte son charme de l'harmonie.* § 12. *L'ennui tient au besoin d'une idée centrale.* § 13. *Les passions, enfans de l'ennui sont pleines de misère.* § 14. *L'unité de principe donne de l'aplomb à la vie entière.*

§ 1. L'ART de faire jouer les idées des personnes avec qui l'on vit, me semble avoir au moins l'importance que l'on donne à l'art de faire jouer les notes. Dans nos mœurs et avec nos constitutions, cette musique des idées seroit plus utile que l'art oratoire qui ne peut plus exister ; la tribune de ce genre d'éloquence existe partout ; partout il importe de plaire et de persuader. Et si plaire n'avoit aucune utilité réelle, *l'art* en lui-même ne laisseroit pas d'avoir ses charmes. S'il pouvoit devenir universel, si chacun dans ce concert des pensées vouloit jouer sa partie, il semble que la sociabilité même y gagneroit. Le plaisir que l'homme trouveroit à vivre avec l'homme, le prépareroit peut-être à l'exercice de quelques vertus plus réelles ; et il est à croire que le mouvement des idées hâteroit le développement de l'esprit et de la pensée, et par conséquent des beaux-arts et des sciences.

§ 2. *L'art de plaire par la parole* a pris naissance dans les cours où ce jeu de l'esprit trouve quelquefois des gros lots à gagner. Il existe de préférence chez une nation qui fait consister la liberté dans le droit de *parler* librement, et qui, par une heureuse souplesse, sait allier à la fois la soumission dans la conduite avec l'indépendance dans la pensée.

§ 3. C'est toujours l'imagination qui anime

le discours et donne du mouvement à la parole. De là le plaisir que l'on trouve à se communiquer mutuellement ses idées dans la société, où chacun porte son assortiment d'idées et son mouvement, par lequel il fait naître de nouvelles combinaisons dans l'esprit des personnes avec qui il s'entretient. Le plaisir de la conversation est toujours proportionné au besoin de mouvement dans la pensée. Voyez ces hommes simples, épuisés par le travail de la journée, se plaire dans la conversation de leurs voisins. Ils semblent n'avoir rien dit, et cependant ils sont contens l'un de l'autre, chacun a fait jouer quelque touche nouvelle dans la tête de son voisin, et cette musique monotone des idées a suffi aux besoins bornés de leur esprit, comme quelques sons du chalumeau ou d'un mauvais violon eussent suffi à leurs danses.

§ 4. Comme il y a une musique appropriée à chaque degré de développement national, il y a de même un art de plaire par la parole approprié à chaque degré d'esprit. La partie la plus difficile de l'art n'est pas de monter son esprit, mais de le démonter, et de lutter non pas debout, mais pour ainsi dire accroupi. On a aisément de l'esprit avec les personnes spirituelles, c'est avec les sots qu'il est difficile d'en avoir. *Hic opus, hic labor.*

Chez les hommes oisifs, et dans ce qu'on appelle le *monde*, la pensée ne vit que par la conversation ; là les hommes, faute de pensées élevées et centrales, s'appuient et pèsent les uns sur les autres. Ils se condamnent pour ainsi dire à vivre des idées qu'ils se prêtent ; moins ils en ont à donner et plus ils s'en demandent mutuellement. Leurs cercles sont des concerts, où des amateurs ignorans apportent chacun son instrument pour en étourdir les autres, ou pour se défendre de la discordance universelle par le bruit qu'ils vont faire. Tel est le monde où l'art de plaire est ignoré.

Entrez dans un cercle où la conversation se traîne péniblement ; l'on y sent le poids des idées, ce poids énorme, que le mouvement seul peut rendre léger, nul ou entraînant. Une personne aimable et spirituelle arrive ; tout renaît ; une commotion électrique se fait sentir ; la pensée abbattue et traînante se relève ; le cœur et l'esprit semblent revivre à la fois.

§ 6. Ce mouvement subit des idées est l'effet de l'harmonie. L'imagination d'une personne très-spirituelle semble éprouver instantanément tous les besoins de l'esprit et du cœur des personnes à qui elle parle ; chaque mot spirituel qu'elle dit devient le ralliement et l'*unité* des idées éparses et variées de ceux qui l'écoutent. Le mouvement une fois donné par l'idée centrale, chacun croit avoir de l'esprit, et l'on se quitte content de tout le monde, parce qu'on l'est de soi-même.

§ 7. Nous verrons dans la suite que l'*ennui* n'est que *le manque de cette unité dans les idées*, sans laquelle il n'y a ni mouvement ni plaisir ni imagination. C'est ce plaisir, né de l'unité, qui fait prendre ce qu'on appelle de l'*intérêt* aux choses dont on s'occupe, et par ces choses à la vie même ; cet intérêt arrive toujours avec le mouvement des idées qui ne peut naître que de l'harmonie, c'est-à-dire du multiple réuni dans l'unité.

§ 8. Chez les nations cultivées, le charme de la conversation tient toujours un peu à l'*élévation* de l'esprit, c'est-à-dire à la généralisation des idées. Est-ce une nouvelle que l'on débite ? une personne très-spirituelle y y placera une idée *assez élevée* pour être sentie de tout le monde, parce que les idées de tout le monde vont se rallier à cette idée,

comme

comme à l'idée générale. Il faut beaucoup de tact pour sentir les idées des personnes que l'on n'a vues qu'un moment, et beaucoup de bonheur et d'habileté pour y placer l'idée centrale, qui produit à la fois un doux frémissement dans toutes les idées.

§ 9. Mais le principal charme de l'esprit tient au langage. Ce qu'on appelle *esprit* suppose une justesse dans les idées qui appartient à l'intelligence, et de plus un *goût* et un *mouvement dans le langage* qui ne peut venir que de l'imagination. Les paroles destinées à n'exprimer que deux ou trois idées, réveillent dans le langage des gens du monde, un grand nombre d'idées *accessoires*, que *le goût seul sait choisir et rallier autour de l'idée que l'on présente ;* ce qui suppose du tact, et une

---

(1) Une personne très-spirituelle verra d'un coup-d'œil le ton et l'esprit du sallon, où elle entre. Son esprit, que je suppose supérieur, en plaçant des idées centrales parmi les idées isolées et traînantes de la société où elle se trouve, fera éprouver le charme de ce que j'appelle *harmonie* à toutes les personnes qui l'écoutent. L'esprit brillant s'annonce par un doux frémissement, qui anime à-la-fois toutes les idées chez les personnes bienveillantes qui l'entendent. Une personne spirituelle est le musicien habile, qui des sons isolés et quelquefois discordans qu'il entend, sait en les arrangeant à propos faire sortir l'harmonie, le mouvement et la vie. Voltaire a été l'homme le plus éminemment spirituel de son siècle.

Y

connoissance rare et exquise de la langue.

§ 10. Les personnes très-spirituelles ont souvent des idées qui occasionnent une *surprise agréable*. Mais d'où peut venir cette surprise, si ce n'est du plaisir que l'on éprouve à sentir des rapports d'idées qui viennent ranimer la pensée languissante. Ces rapports, ou plutôt ces rapprochemens d'idées, n'appartiennent point à l'intelligence ; car les idées les plus spirituelles ne pourroient que foiblement occuper le penseur profond. Et cependant rien n'est plus réel que le plaisir que le véritable *esprit* donne dans le monde. Ces surprises, ces émotions qu'il fait naître, sont l'effet de ce que j'appelle *harmonie*. Les idées éparses et sans ralliement d'une société languissante, ne sont d'aucun avantage ni pour l'intelligence ni pour l'imagination ; leur présence même ne sert qu'à faire éprouver cette mort vivante, appellée ennui. Quelque être supérieur arrive, et vient placer *l'unité*, cette âme du multiple, sur les idées inanimées. La légère commotion que l'on éprouve à la venue de cet esprit d'en haut, cette *surprise* que l'on sent, attestent la présence de *l'harmonie*, qui anime le monde moral, dans toute l'étendue de l'univers sensible.

L'IMAGINATION.

§ 11. L'on voit encore ici un exemple de la grande différence qu'il y a entre le mouvement de l'intelligence et celui de l'imagination. Analisez froidement le mot heureux, qui dans le monde vous a donné *l'émotion de la surprise,* et le plaisir que vous avez eu en l'écoutant pour la première fois, n'y est plus. Ce plaisir de la *surprise* suppose un mouvement d'harmonie, que l'intelligence ne peut avoir, et qui ne peut tenir qu'à la *sensibilité.*

Dans les disputes que l'on a dans le monde, rien n'est plus inutile qu'une logique sévère, et rien n'est plus nécessaire que l'esprit. Dans la société des hommes désœuvrés on ne cherche que le mouvement, et ce mouvement ne peut venir que de l'imagination, qui préfère l'esprit à la vérité, et le plaisir qui *rallie les idées* à une froide analise qui, loin de faire naître l'unité que l'on cherche, achève d'anéantir le mouvement de l'imagination. Le logicien sévère, en abstrayant et séparant cruellement des idées, qui ne cherchent qu'à *se rallier,* achève d'anéantir la pensée, tandis que l'homme d'esprit ressuscite et ranime jusqu'aux idées éteintes par la mort de l'ennui.

§ 12. Ce même besoin *du mouvement* de l'imagination agite matériellement la classe des hommes oisifs, qui courent, ce qu'on appelle *les plaisirs*, pour trouver dans une grande variété de sensations quelque combinaison qui *frappe* et *intéresse* leur âme agitée. Cette combinaison qu'ils cherchent est celle qui produit l'idée centrale, capable de donner de l'*intérêt* et *de l'unité à leurs idées éparses*, et de soulager par là l'ennui qui les consume. Et comme l'esprit ne se trouve dans le monde que par exception, que ses charmes ne peuvent être sentis que par les personnes à qui il reste encore quelques idées, l'homme désœuvré, privé à la fois de toutes les ressources de l'esprit, et de tous les bienfaits de l'harmonie, se voit livré tout entier aux *passions*, parce qu'il est de la nature des passions d'avoir le mouvement et l'idée centrale, que l'imagination est sans cesse à chercher.

§. 13. Mais ces passions nées de l'ennui, c'est-à-dire, de l'impuissance de sentir et de penser, se ressentent de leur triste origine. Ce ne sont plus les vigoureux enfans de la nature, mais de foibles et difformes avortons, condamnés à tous les malheurs des passions sans avoir aucun de leurs charmes. L'amour né de l'ennui ne produit que des alliances bizarres, languissantes et pleines de discordances: le jeu la calomnie et l'ambition, non la noble ambition née de l'amour de l'humanité, mais l'ambition dépouillée de tout ce qui peut l'ennoblir, sont autant de monstres nés de l'ennui. Tels sont les douloureux châtimens de l'oisiveté, tel le produit de ces richesses, qui font le tourment et du pauvre qu'elles dépouillent quelquefois, et de l'homme opulent dont elles empoisonnent si souvent la vie.

§ 14. *L'unité suprême est dans une vie occupée.* Là tous les mouvemens sont motivés, tous éprouvent l'heureuse influence de l'harmonie, qui, comme un esprit bienfaisant, plane sur la vie de l'homme attaché à ses *devoirs.* Car ce sont les devoirs qui, *liés à l'ordre social,* et par lui à la nature entière, tiennent à *l'unité* que tout ordre suppose ; ce sont les devoirs qui font éprouver à l'homme de bien le charme émané de l'harmonie des êtres, et ce bonheur solide, qui chez l'homme vertueux tient aux lois immuables qui assurent l'existence de l'univers.

L'activité, qui comme la flamme dévore le malheureux qui n'a pas d'objet réel et solide à lui présenter, se répand au contraire, comme une chaleur vivifiante sur les jours de l'homme occupé. L'idole bizarre et fantasque appelé *le monde*, ne donne qu'à l'homme assez riche d'idées pour se passer de ses dons, et refuse tout à qui a besoin de lui (1). Il faudroit donc pour y vivre apprendre à s'en passer ; il faudroit y porter l'habitude de l'activité, qui fait qu'on se suffit à soi-même ; l'esprit d'observation qui donne de l'intérêt à tout, et qui, mettant chaque chose à sa place, nous apprend à garder la nôtre : il faudroit sur toute chose n'y perdre jamais ce sentiment de bienveillance qui supplée à tout, et cet amour de l'humanité qui, comme une grande lumière répand de l'éclat sur toutes les pensées, et donne de la vie à tout ce qui nous entoure.

---

(1) Voyez l'épitre de Voltaire :
Vivons pour nous ma chère Rosalie.

CHAPITRE IX.

L'imagination tend au concret, l'intelligence à l'abstrait.

§ 1. *Il faut dans les beaux-arts se rapprocher de la sensation.* § 2. *L'intelligence sépare des idées tout ce qui est en rapport avec la sensibilité, les beaux-arts au contraire cherchent tout ce qu'il y a de plus intime dans ces rapports.* § 3. *Ce qui constitue la véritable différence entre la prose et la poésie.* § 4. *La perfection de l'imagination est lorsque les idées travaillées par l'intelligence prennent les mouvemens de l'harmonie.*

§ 1. J'AI dit que l'intelligence, en détachant l'âme du sentiment, pour la concentrer dans l'idée, arrêtoit le mouvement de l'imagination.

L'intelligence qui tend toujours à l'abstraction, dépouille les idées de tout ce qu'elles n'ont pas d'identique, et par là dénature la sensation. L'imagination au contraire se rapproche le plus qu'elle peut de la sensation primitive; loin d'écarter les idées accessoires, liées avec le sentiment moteur, elle s'attache à leur donner une vie nouvelle.

§ 2. Le sens du mot d'Horace : *ut pictura poësis*, (que la poësie soit une peinture) n'est qu'un conseil donné aux poëtes, d'exprimer *tout* ce qui peut servir à peindre le sentiment qui les inspire, et de rapprocher par là l'idée de la sensation même. Que de détails dans ces vers de la Fontaine, où le pigeon cherche à détourner son ami de ses projets de voyage !

« Encore si la saison s'avançoit davantage!
» Attendez le printems? Qui vous presse? Un corbeau
» Tout-à-l'heure annonçoit malheur à quelqu'oiseau;
» Je ne songerai plus que rencontre funeste,
» Que faucon, que rézeau. Hélas! dirai-je, il pleut,
» Mon frère a-t-il tout ce qu'il veut?
» Bon souper, bon gîte et le reste?

Qui ne se sent pas vivement touché en lisant ces vers? Que de prose ne faudroit-il pas pour dire tout ce que le poëte fait éprouver en s'adressant à la sensibilité (1)?

---

(1) Le moteur de l'imagination c'est la sensibilité. On conçoit que le mouvement de la sensibilité, dirigé sur les *idées*, donne à l'organe des idées, de la mobilité et de la souplesse, ce qui produit la richesse des idées et des nuances d'idées, et forme le poëte, le musicien. Mais si la sensibilité se porte sur les organes musculaires, elle produit les passions, et *le sentiment du beau* qui n'est que le développement des rapports entre les sentimens, demeure absorbé par les sens, et asservi par l'automate.

Il faut que chez l'artiste le sentiment du beau règne sur les

§ 3. Ce qui en psychologie constitue la différence entre la prose et la poésie, c'est *le mouvement des idées*. Quand les idées se concentrent dans *la sensibilité*, c'est de la poésie ; quand elles se concentrent dans *les idées*, c'est de la prose ; l'une est le langage de l'imagination, l'autre celui de l'intelligence. Mais comme la parole même appartient aux sensations, et semble tenir encore de plus près à l'imagination qu'à l'intelligence, le langage de l'imagination prend aussi, mieux que celui de la raison, toutes les formes et les nuances de la pensée. De là l'art des vers et du rythme, où la parole se moule, pour ainsi dire, aux émotions du sentiment. Quoique *l'Esprit des Lois* de Montesquieu contienne de plus belles images que mille poésies, l'Esprit des lois est éminemment de la prose, puisque ce livre tend éminemment au dévelop-

---

passions, comme chez l'homme vertueux la raison règne sur les actions et enfin sur la pensée même.

Dans la réalité les passions peuvent quelquefois servir utilement l'artiste et l'homme vertueux, pourvu qu'elles restent subordonnées au sentiment du beau et soumises à la raison ; mais leur commerce est toujours dangereux, et les rapports entre tous ces phénomènes de l'âme sont si peu éclaircis, qu'il est plus sûr de se tenir à l'évidence des principes en s'exerçant sans cesse à n'être pas dominé par la sensibilité. En dernier résultat la sensibilité ne perd rien à être soumise à la raison.

pement de tout ce qu'il y a de grand dans la pensée. On n'a qu'à lire Quintilien et Cicéron pour se convaincre que l'art oratoire appartient à la poésie plutôt qu'à la prose, puisque l'éloquence s'adresse à la sensibilité, et que, ce qui appartient à l'intelligence, y est subordonné à l'imagination, comme dans l'Esprit des Loix ce qui appartient à l'imagination est subordonné à l'intelligence.

§ 4. Les *grandes* pensées sont toutes l'œuvre de l'intelligence, puisqu'elles ne sauroient avoir *de l'étendue* que par la *généralisation des idées*, laquelle ne peut appartenir qu'à l'entendement. Mais ces grandes pensées sont ensuite employées par la sensibilité comme *motif de nos actions*. Il semble alors, qu'elles reprennent le mouvement de l'imagination, dont l'intelligence les avoit dépouillées. Il en résulte que l'imagination, unie à la raison, prend une gravité, un aplomb qui tient à la fois de la raison et du sentiment ; son mouvement modéré suffit tout juste pour nous faire agir, sans être assez violent pour précipiter nos actions. C'est ce mouvement de la raison qui, également éloigné du calme et de la tempête, nous fait naviguer avec sûreté sur la mer orageuse de la vie.

CHAPITRE X.

De la sensibilité non employée.

§ 1. *La sensibilité non employée est une source abondante d'ennuis, de peine, ou de plaisirs.*
§ 2. *La jouissance des plaisirs simples suppose une certaine disposition de l'esprit.*

§ 1. IL y a une espèce d'infini dans la théorie de la sensibilité. Semblable au voyageur qui passe les Alpes, je marche sur les sommités des principes, et ne puis qu'indiquer ce qui demanderoit des développemens très-détaillés, assez faciles à faire pour qui ne fait que descendre des principes aux applications.

Nul homme n'a jamais atteint le développement de *tout* son être. L'automate y arrive bien mieux. Mais l'âme destinée à l'immortalité laisse voir dans toutes ses facultés un *au-delà* qui n'attend que l'avenir pour se développer.

Les rapports de la sensibilité à la pensée sont d'une abondance et d'une multiplicité presqu'infinies. Qui n'a pas éprouvé le besoin de penser (1)? Qui ne s'est pas plaint des bornes

---

(1) Que de faits annoncent partout le *besoin de penser* lors-

étroites de son être, et du malheur de sentir sans avoir quelque chose qui satisfît pleinement aux besoins de son cœur? Cette *sensibilité non employée* cherche en tâtonnant son objet. Elle est la source féconde de nos peines, de nos ennuis, ou bien de nos plaisirs, et de nos amusemens, dont il faut chercher la source dans nous-même, dans nos besoins momentanés, bien plus que dans ce qui trop souvent demeure étranger à nous-mêmes. L'étude des véritables besoins de notre sensibilité est de la

---

qu'on est *ému* par quelque sentiment. Voici un passage de l'Emile de Rousseau. « Comment peut-on être sceptique par système et » de bonne foi? Je ne saurois le comprendre. Ces philosophes, » ou n'existent pas, ou sont *les plus malheureux des hommes*. » *Le doute sur les choses qu'il nous importe de connoître,* » *est un état trop violent pour l'esprit humain; il n'y résiste* » *pas long-temps, il se décide malgré lui de manière ou* » *d'autre, et il aime mieux se tromper que de ne rien croire*». D'où viendroit ce besoin si pressant de *fixer ces doutes*, si ce n'est du besoin d'une *telle pensée* née des rapports que tel *sentiment* qu'on éprouve se trouve avoir avec cette pensée? L'imbécille qui ne *sent* rien éprouve-t-il jamais le besoin de *penser*?

La *sensibilité* donne partout l'éveil à la pensée, mais la réaction des idées par la *volonté* donne l'empire à l'homme assez ambitieux pour vouloir régner sur lui-même.

Latius regnes avidum domando
Spiritum, quam si Libyam remotis
Gadibus jungas, et uterque Pœnus
Serviat uni.
Horace, L. II. Ode 2.

plus grande importance pour faire le bonheur de soi-même, ou celui des personnes avec qui nous avons à vivre. Personne n'aime ni le malheur d'autrui ni le sien propre, et c'est presque toujours par ignorance qu'on fait le mal.

Chaque disposition de l'âme a *ses préférences et ses penchans* qu'il est utile de connoître Cette étude meneroit à l'art d'être heureux, qui suppose la connoissance intime des rapports entre la sensibilité et les idées. On a souvent répété que le véritable bonheur étoit près de nous et pour ainsi dire à nos côtés. C'est la sensibilité non employée qui nous agite, et qui nous fait chercher bien loin, ce qu'avec l'étude de nous-mêmes nous trouverions souvent à peu de frais et tout près de nous.

On nous recommande sans cesse l'usage de la raison, on nous donne des traités de la morale la plus sublime ; mais l'art *d'employer la raison* et de faire aimer la morale nous manque encore. C'est dans l'étude de nous-mêmes, c'est dans une psychologie saine, dégagée de métaphysique, qu'on trouvera les moyens peu connus d'aimer la raison, et de vouloir sincèrement l'employer à notre usage.

§ 2. Il arrive quelquefois que nous éprouvons des sentimens inconnus à nous-mêmes, parce qu'ils ne sont décidément associés avec aucune idée capable de leur servir de ralliement. Ce sont pour ainsi dire des forces d'affinité non employées. Cet état de l'âme nous l'appelons *humeur*, *gaîté*, *tristesse*, *langueur*, etc. Ces manières d'être sont des sources cachées de plaisir ou de peine, qu'il est bon de connoître. Quand ma pensée commence à être légèrement fatiguée par le travail, et mon corps par le repos, rien ne me plaît comme une promenade solitaire, où le mouvement du corps et la beauté de la nature viennent soutenir ma pensée languissante. Alors l'âme doucement émue par le besoin de changer d'idées, semble se livrer peu-à-peu aux charmes d'un beau paysage ; le *bien-être* que j'éprouve est un fond de sensibilité, non employé, où l'image de la nature va se placer comme sur une toile préparée. Dans cette situation de l'esprit j'éprouve un plaisir toujours nouveau à entendre le murmure des eaux limpides du fleuve majestueux qui coule à côté de moi, à voir dans les jardins de son rivage un peuple actif doucement occupé, tandis que le pêcheur armé de sa ligne, marche à pas comptés dans les basses eaux du Rhône. Les premiers accens des oiseaux, la première fleur du printemps, le spectacle des grandes ruines de la nature, d'une colline déchirée par les eaux et les siècles, d'une montagne plus éloignée, coupée jusqu'à sa base; dans le lointain, la majesté des Alpes dessinant sur l'azur des cieux leurs contours variés; enfin le voisinage d'une ville digne d'être l'asyle de la pensée, de l'amitié, des mœurs simples et des vertus domestiques; tout cela m'intéresse et m'enchante, parce que mon âme *préparée par le travail*, y peut associer de grandes pensées.

C'est ainsi que l'étude *des rapports de notre sensibilité individuelle avec les objets extérieurs*, peut devenir une source de jouissances innocentes, et le principe d'un bonheur vrai et facile.

Fin du Tome Premier.

www.ingramcontent.com/pod-product-compliance
Lightning Source LLC
Chambersburg PA
CBHW050805170426
43202CB00013B/2573